Impressum
Verlag: BABADADA GmbH, Nedderfeld 112 , 22529 Hamburg
Geschäftsführer / Verlagsleitung: Harald Hof
Druck: Books on Demand GmbH, In de Tarpen 42, 22848 Norderstedt

Imprint
Publisher: BABADADA GmbH, Nedderfeld 112 , 22529 Hamburg, Germany
Managing Director / Publishing direction: Harald Hof
Print: Books on Demand GmbH, In de Tarpen 42, 22848 Norderstedt

AF194666

ໂຮງຮຽນ
colegio

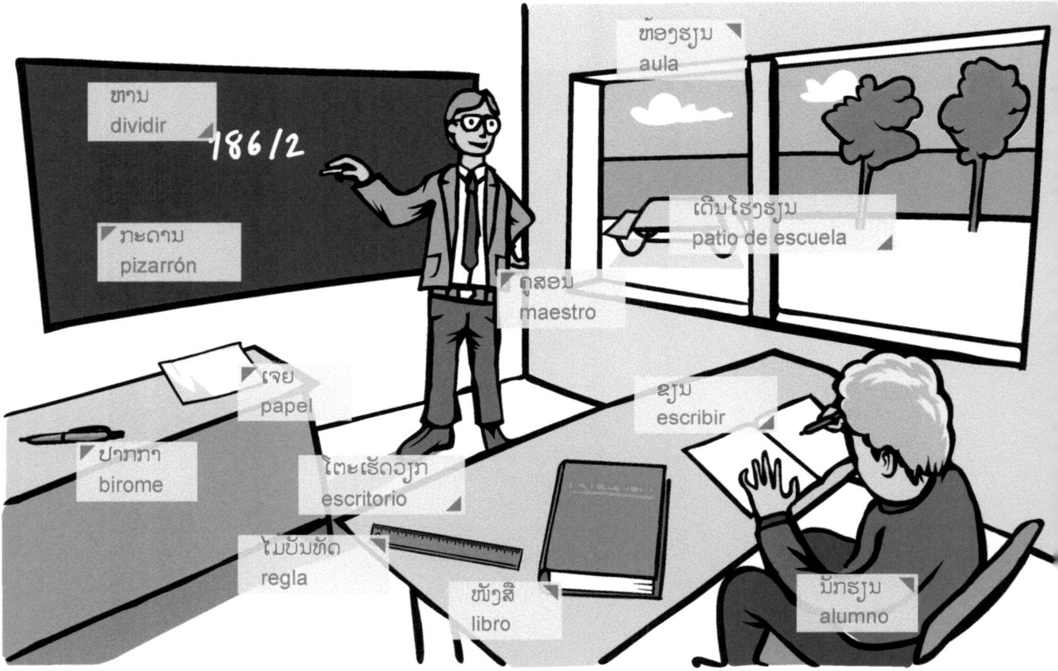
ຫ້ອງຮຽນ
aula
ຫານ
dividir
186/2
ກະດານ
pizarrón
ເດີ່ນໂຮງຮຽນ
patio de escuela
ຄູສອນ
maestro
ເຈ້ຍ
papel
ຂຽນ
escribir
ປາກກາ
birome
ໂຕະເຮັດວຽກ
escritorio
ໄມ້ບັນທັດ
regla
ໜັງສື
libro
ນັກຮຽນ
alumno

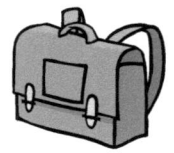

ກະເປົາໃສ່ປຶ້ມທີ່ມີສາຍພາຍ

mochila

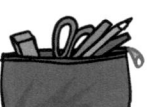

ກັບສໍດຳ

caja de lápices

ສໍດຳ

lápiz

ເຄື່ອງແຫຼມສໍ

sacapuntas

ຢາງລຶບ

goma (de borrar)

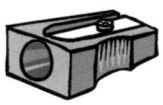

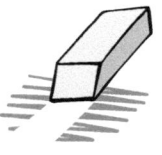

ສະໝຸດແຕ້ມຮູບ

bloc de dibujo

ພາບວາດ

dibujo

ແປງທາສີ

pincel

ກ່ອງສີ

caja de pinturas

ມີດຕັດ

tijera

ກາວ

pegamento

ປຶ້ມເຝິກຫັດ

cuaderno de ejercicios

ວຽກບ້ານ

tarea

ຕົວເລກ

número

ບວກ

sumar

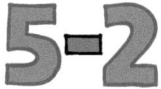

ລົບ

restar

ຄູນ

multiplicar

ຄິດໄລ່

calcular

ຕົວອັກສອນ

letra

ພະຍັນຊະນະ

abecedario

ຄໍາສັບ

palabra

ຂໍ້ຄວາມ

texto

ອ່ານ

leer

ສໍຂາວ

tiza

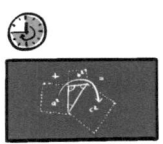

ບົດຮຽນ

lección

ລົງທະບຽນ

cuaderno de clase

ການສອບເສັງ

examen

ໃບຢັ້ງຢືນ

certificado

ຊຸດນັກຮຽນ

uniforme escolar

ການສຶກສາ

educación

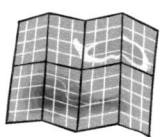

ປຶ້ມຮວບຮວມຄວາມຮູ້ສາລະພັດ

enciclopedia

ມະຫາວິທະຍາໄລ

universidad

ກ້ອງຈຸລະທັດ

microscopio

ແຜນທີ່

mapa

ກະຕ່າໃສ່ເສດເຈ້ຍ

tacho (de basura)

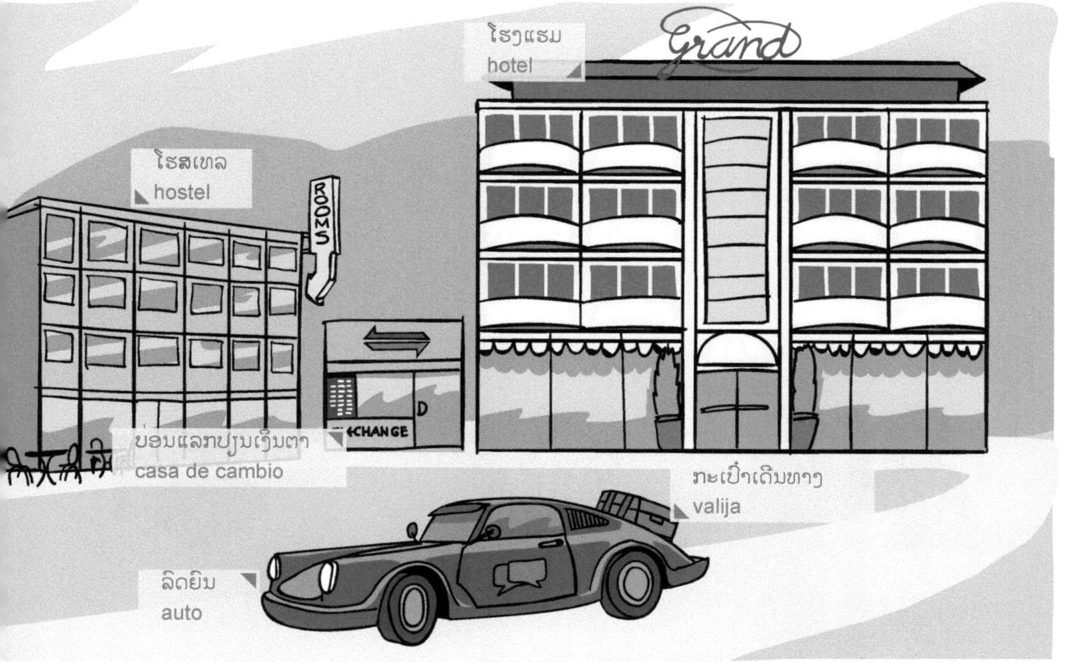

ໂຮງແຮມ
hotel
Grand
ໂຮສເທລ
hostel
ROOMS
ບ່ອນແລກປ່ຽນເງິນຕາ
casa de cambio
CHANGE
ກະເປົ໋າເດີນທາງ
valija
ລົດຍົນ
auto

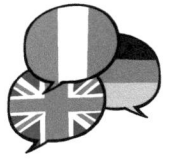

ພາສາ

idioma

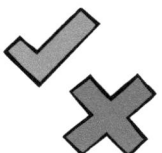

ແມ່ນ / ບໍ່ແມ່ນ

sí / no

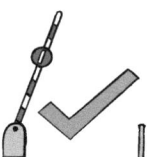

ຕົກລົງ

Está bien

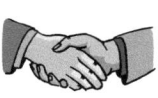

ສະບາຍດີ

hola

ນັກແປພາສາ

traductor

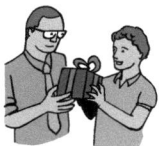

ຂອບໃຈ

Gracias

ລາຄາເທົ່າໃດ...?

¿cuánto cuesta...?

ຂ້ອຍບໍ່ເຂົ້າໃຈ

No entiendo

ບັນຫາ

problema

ສະບາຍດີຕອນແລງ!

¡Buenas tardes!

ສະບາຍດີຕອນເຊົ້າ!

¡Buenos días!

ລາຕິສະຫວັດ

¡Buenas noches!

ລາກ່ອນ

adiós

ທິດທາງ

dirección

ກະເປົາເດີນທາງ

equipaje

ກະເປົາ

bolso

ກະເປົາພາຍຫຼັງ

mochila

ແຂກ

invitado

ຫ້ອງ

habitación

ຖົງໃສ່ເຄື່ອງນອນ

bolsa de dormir

ເຕັ້ນ

carpa

ຂໍ້ມູນນັກທ່ອງທ່ຽວ
información turística

ຊາຍຫາດ
playa

ບິດເຄຣດິດ
tarjeta de crédito

ອາຫານເຊົ້າ
desayuno

ອາຫານທ່ຽງ
almuerzo

ອາຫານແລງ
cena

ປີ້
pasaje

ລິຟ
ascensor

ສະແຕມ
sello

ພົມແດນ
frontera

ພາສີ
aduana

ສະຖານທູດ
embajada

ວິຊາ
visa

ໜັງສືຜ່ານແດນ
pasaporte

transporte

ເຮືອບິນ
avión

ກຳປັ່ນ
barco

ລົດດັບເພີງ
autobomba

ລົດບັນທຶກ
camión

ລົດເມ
colectivo

ເຮືອຈັກ
lancha a motor

ລົດຖີບ
bicicleta

ລົດຍົນ
auto

ເຮືອຂ້າມຟາກ
....
ferry

ເຮືອ
....
bote

ລົດຈັກ
....
moto

ລົດຕຳຫຼວດ
....
patrullero

ລົດແຂ່ງ
....
auto de carreras

ລົດເຊົ່າ
....
auto de alquiler

ການແບ່ງປັນກັນໃຊ້ລົດ

alquiler de autos

ລົດລາກ

grúa

ລົດຂົນຂີ້ເຫຍື້ອ

camión de basura

ເຄື່ອງຍົນ

motor

ເຊື້ອໄຟ

nafta

ປ້ຳນ້ຳມັນ

estación de servicio

ປ້າຍຈາລະຈອນ

señal de tránsito

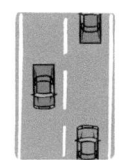

ການຈາລະຈອນ

tránsito

ການຈາລະຈອນຕິດຂັດ

embotellamiento

ບ່ອນຈອດລົດ

estacionamiento

ສະຖານີລົດໄຟ

estación de tren

ລາງລົດໄຟ

vías

ລົດໄຟ

tren

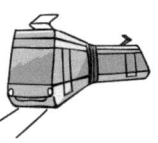

ລົດລາງ

tranvía

ຕູ້ລົດໄຟ

vagón

ເຮລິຄອບເຕີ

helicóptero

ສະໜາມບິນ

aeropuerto

ຫໍຄອຍ

torre

ຜູ້ໂດຍສານ

pasajero

ຕູ້ບັນຈຸສິນຄ້າ

contenedor

ກ່ອງເຈ້ຍ

caja de cartón

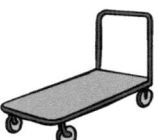

ກ່ວນ

carretilla

ກະຕ່າ

canasta

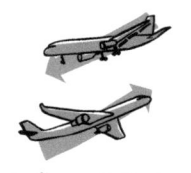

ເຮືອບິນຂຶ້ນ / ເຮືອບິນລົງຈອດ

despegar / aterrizar

ເມືອງ

ciudad

ບ້ານ

pueblo

ໃຈກາງເມືອງ

centro de ciudad

ເຮືອນ

casa

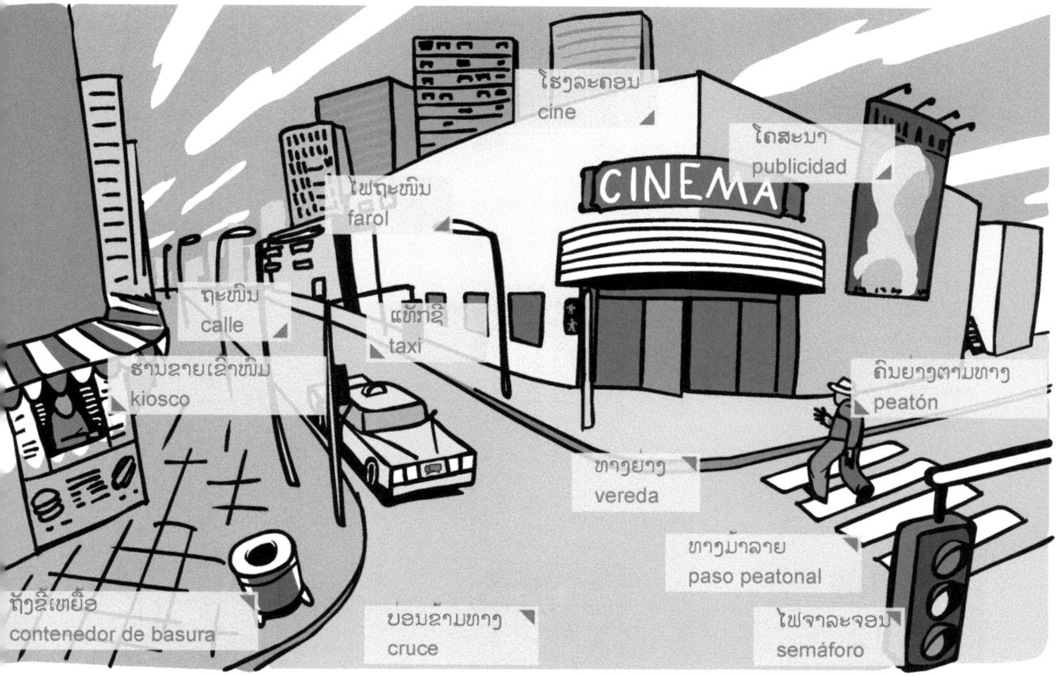

ໂຮງລະຄອນ
cine
ໂຄສະນາ
publicidad
CINEMA
ໄຟຖະໜົນ
farol
ຖະໜົນ
calle
ແທັກຊີ
taxi
ຮ້ານຂາຍເຂົ້າໜົມ
kiosco
ຄົນຍ່າງຕາມທາງ
peatón
ທາງຍ່າງ
vereda
ທາງມ້າລາຍ
paso peatonal
ຖັງຂີ້ເຫຍື້ອ
contenedor de basura
ບ່ອນຂ້າມທາງ
cruce
ໄຟຈາລະຈອນ
semáforo

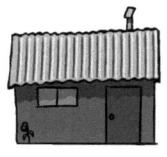

ຕູບ

cabaña

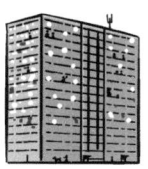

ແຟລດ

departamento

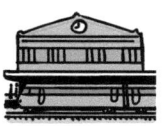

ສະຖານີລົດໄຟ

estación de tren

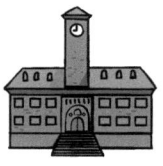

ໂຮງການເມືອງ

municipalidad

MUSEUM

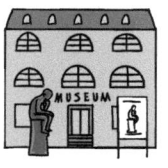

ຫໍພິພິດຕະພັນ

museo

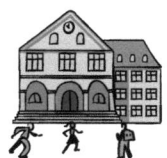

ໂຮງຮຽນ

colegio

ມະຫາວິທະຍາໄລ
universidad

ທະນາຄານ
banco

ໂຮງໝໍ
hospital

ໂຮງແຮມ
hotel

ຮ້ານຂາຍຢາ
farmacia

ຫ້ອງການ
oficina

ຮ້ານຂາຍໜັງສື
librería

ຮ້ານຄ້າ
negocio

ຮ້ານຂາຍດອກໄມ້
florería

ຊຸບເປີມາກເກັດ
supermercado

ຕະຫຼາດ
mercado

ຫ້າງສັບພະສິນຄ້າ
grandes tiendas

ຮ້ານຂາຍປາ
pescadería

ສູນການຄ້າ
centro comercial

ທ່າເຮືອ
puerto

ສວນສາທາລະນະ

parque

ແປ້ນມ້າ

banco

ຂົວ

puente

ຂັ້ນໃດ

escaleras

ລົດໄຟໃຕ້ດິນ

subte

ອຸໂມງ

túnel

ປ້າຍລົດເມ

parada del colectivo

ຮ້ານຂາຍເຫຼົ້າ

bar

ຮ້ານອາຫານ

restaurante

ຕູ້ໄປສະນີ

buzón

ປ້າຍຊື່ຖະໜົນ

letrero

ມິເຕີເກັບຄ່າຈອດລົດ

parquímetro

ສວນສັດ

zoológico

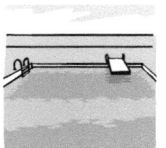

ສະລອຍນ້ຳ

pileta

ວັດມຸດສະລິມ

mezquita

ຟາມ

granja

ມົນລະພິດ

contaminación

ສຸສານ

cementerio

ໂບດ

iglesia

ເດິນຫຼິ້ນຂອງເດັກນ້ອຍ

juegos infantiles

ວັດມຸດສະລິມ

templo

ພູມິປະເທດ

paisaje

ໃບໄມ້
hoja

ປ້າຍບອກທາງໆ
poste indicador

ທາງໆ
camino

ທົ່ງຫຍ້າ
pradera

ກ້ອນຫີນ
piedra

ຕົ້ນໄມ້
árbol

ນັກເດິນທາງໆໄກດອຍກາມຍາງໆ
excursionista

ແມ່ນ້ຳ
río

ຫຍ້າໆ
hierba

ດອກໄມ
flor

ຮ່ອມພູ

valle

ເນີນເຂົາ

montaña

ທະເລສາບ

lago

ປ່າ

bosque

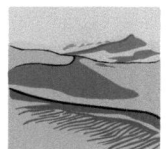

ທະເລຊາຍ

desierto

ພູເຂົາໄຟ

volcán

ຫໍປະສາດ

castillo

ຮຸ້ງກິນນ້ຳ

arco iris

ເຫັດ

champiñón

ຕົ້ນປາມ

palmera

ຍຸງ

mosquito

ແມງວັນ

mosca

ມົດ

hormiga

ເຜິ້ງ

abeja

ແມງມຸມ

araña

ແມງປີກແຂງ

escarabajo

ກົບ

rana

ກະຮອກ

ardilla

ເໝັ້ນ

erizo

ກະຕ່າຍປ່າ

liebre

ນົກເຄົ້າ

lechuza

ນົກ

pájaro

ຫົງ

cisne

ໝູປ່າຕົວຜູ້

jabalí

ກວາງ

ciervo

ກວາງໃຫຍ່

alce

ເຂື່ອນ

presa

ໝາກປິ່ນ

aerogenerador

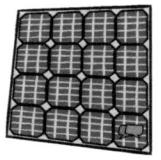

ແຜງໄຊລາເຊລ

panel solar

ສະພາບອາກາດ

clima

ຮານອາຫານ
restaurante

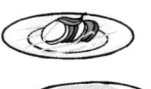

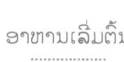

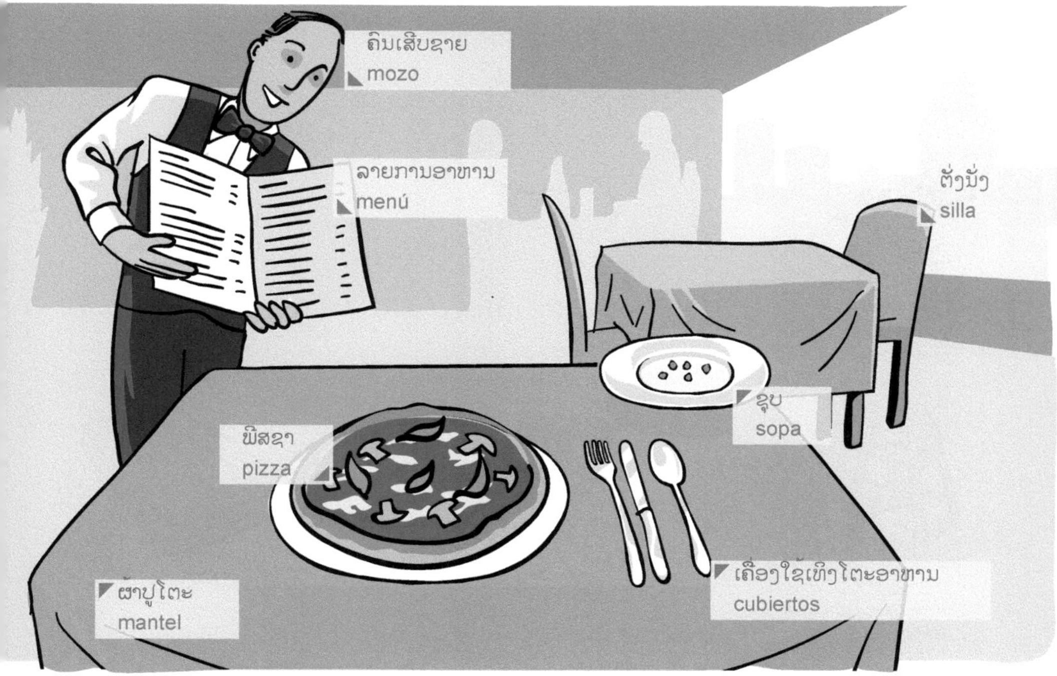
ຄົນເສີບຊາຍ
mozo
ລາຍການອາຫານ
menú
ຕັ່ງນັ່ງ
silla
ຊຸບ
sopa
ພິຊຊາ
pizza
ຜ້າປູໂຕະ
mantel
ເຄື່ອງໃຊ້ເທິງໂຕະອາຫານ
cubiertos

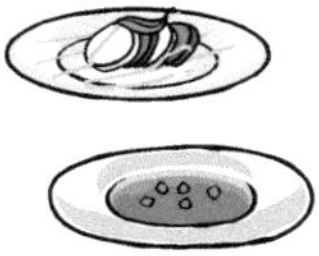

ອາຫານເລີ່ມຕົ້ນ

entrada

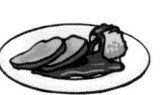

ອາຫານຈານຫຼັກ

plato principal

ຂອງຫວານ

postre

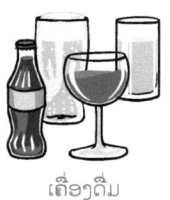

ເຄື່ອງດື່ມ

bebidas

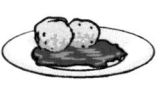

ອາຫານ

comida

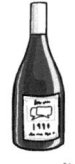

ຂວດແກ້ວ

botella

ອາຫານຈານດ່ວນ

comida rápida

ຮ້ານຂາຍຫາງ

comida callejera

ເຕົ້ານ້ຳຊາ

tetera

ຖ້ວຍນ້ຳຕານ

azucarera

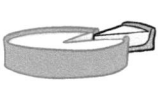

ສ່ວນແບ່ງອາຫານສຳລັບໜຶ່ງຄົນ

porción

ເຄື່ອງຊົງກາເຟເອສເປຣໂຊ

cafetera expreso

ເກົ້າອີ້ສູງ

sillita alta

ໃບເກັບເງິນ

cuenta

ຖາດ

bandeja

ມີດ

cuchillo

ສ້ອມ

tenedor

ບ່ວງ

cuchara

ຊ້ອນຊາ

cucharita

ຜ້າເຊັດປາກຢູ່ໂຕະອາຫານ

servilleta

ຈອກແກ້ວ

vaso

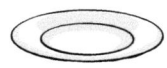

ຈານ

plato

ຈານຊຸບ

plato hondo

ຈານຮອງ

plato

ຊອສ

salsa

ກະປຸກເກືອ

salero

ກະປຸກພິກໄທ

molinillo de pimienta

ນ້ຳສົ້ມສາຍຊູ

vinagre

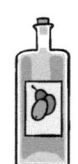

ນ້ຳມັນພືດ

aceite

ເຄື່ອງເທດ

especias

ຊອສໝາກເຜັດ

kétchup

ຜັກຈຳພວກຜັກກາດ

mostaza

ມາຍອນເນສ

mayonesa

ຊູບເປີມາກເກັດ

supermercado

ຂໍ້ສະເໜີພິເສດ
oferta especial
FOR
ລູກຄ້າ
cliente
ຜະລິດຕະພັນທີ່ເຮັດຈາກນົມ
lácteos
ໝາກໄມ້
fruta
ລົດຊຸກ
changuito

BUTCHERS

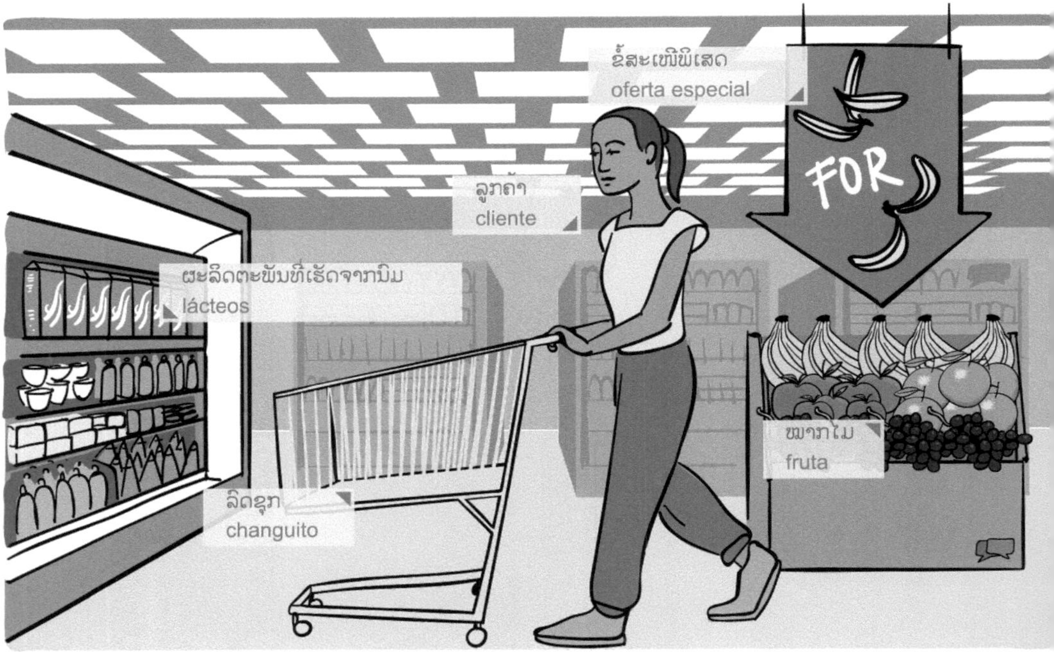

ຮ້ານຂາຍຊີ້ນ

carnicería

BAKERY

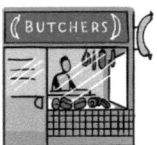

ຮ້ານຂາຍເຂົ້າໜົມປັງ

panadería

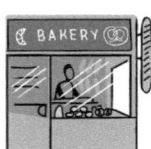

ຊັ່ງນ້ຳໜັກ

pesar

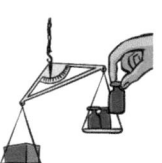

ຜັກ

verduras

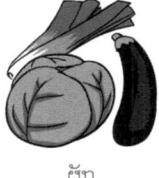

ຊີ້ນ

carne

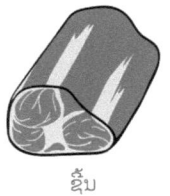

ອາຫານແຊ່ແຂງ

alimentos congelados

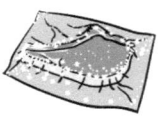

ຊີ້ນເຢັນ
fiambres

ອາຫານກະປ່ອງ
alimentos enlatados

ແປ່ງຊັກເຄື່ອງ
detergente en polvo

ເຂົ້າໜົມຫວານ
golosinas

ຜະລິດຕະພັນໃຊ້ຄົວເຮືອນ
electrodomésticos

ຜະລິດຕະພັນທຳຄວາມສະອາດ
productos de limpieza

ພະນັກງານຂາຍຍິງ
vendedora

ເຄື່ອງຄິດເງິນ
caja

ພະນັກງານເກັບສິດ
cajero

ລາຍການຊື້ເຄື່ອງ
lista de compras

ເວລາເປີດເຮັດວຽກ
horario de atención

ກະເປົາເງິນ
billetera

ບັດເຄຣດິດ
tarjeta de crédito

ຖົງ
cartera

ຖົງຢາງ
bolsa de plástico

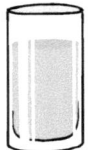

ນ້ຳ

agua

ນ້ຳໝາກໄມ້

jugo

ນົມ

leche

ໂຄກ

bebida cola

ວາຍ

vino

ເບຍ

cerveza

ເຫຼົ້າ

alcohol

ໂກໂກ້

cacao

ຊາ

té

ກາເຟ

café

ເອສເປຣສໂຊ

café expreso

ຄາປູຊິໂນ

cappuccino

ໝາກກ້ວຍ

banana

ແອັບເປິ້ນ

manzana

ໝາກກ້ຽງ

naranja

ໝາກໂມ

melón

ໝາກນາວ

limón

ຫົວກະຕິດ

zanahoria

ຜັກທຽມ

ajo

ຕົ້ນໄຜ່

bambú

ຫອມບົ່ວ

cebolla

ເຫັດ

champiñón

ຖົ່ວ

nueces

ເສັ້ນໝີ່

fideos

ສະປາແກັດຕີ້
....
tallarines

ເຂົ້າ
....
arroz

ສະຫຼັດ
....
ensalada

ມັນຝຣັ່ງທອດ
....
papas fritas

ມັນຝຣັ່ງທອດ
....
papas fritas

ພິສຊາ
....
pizza

ແຮມເບີເກີ້
....
hamburguesa

ແຊນອິດ
....
sándwich

ຊີ້ນຕິດກະດູກ
....
churrasco

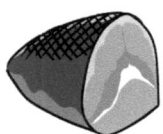

ແຮມ
....
jamón

ໄສ້ກອກແບ້ງຊາລາມີ
....
salame

ໄສ້ກອກ
....
salchicha

ໄກ່
....
pollo

ຍ້າງ
....
asado

ປາ
....
pescado

ເຂົ້າປຽກເຂົ້າໂອດ

copos de avena

ອາຫານຊະນິດເປັນເມັດກອບ

muesli

ເຂົ້າຍບເປັນປ່ຽນນ້ອຍໆ

copos de maíz

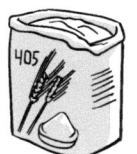

ເຂົ້າແປ້ງ

harina

ເຂົ້າຈີ່ຊະນິດຫນຶ່ງມີຮູບເຄິ່ງເຄ່ງ
ຫວອຍ

medialuna

ເຂົ້າຫນົມປັງແບບນ້ອນ

pancito

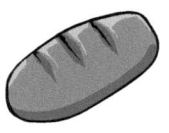

ເຂົ້າຫນົມປັງ

pan

ເຂົ້າຫນົມປັງປີ້ງ

tostada

ເຂົ້າຫນົມປັງຊະນິດກອບນ້ອຍ

galletitas

ເນີຍ

manteca

ນ້ຳນົມແຂ້ນ

cuajada

ເຄກ

torta

ໄຂ່

huevo

ໄຂ່ດາວ

huevo frito

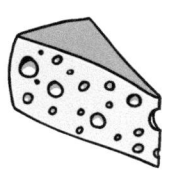

ເນີຍແຂງ

queso

ກະແລ້ມ

helado

ນ້ຳຕານ

azúcar

ນ້ຳເຜິ້ງ

miel

ແຍມ

mermelada

ຊ້ອກໂກແລັດຄຣີມສະເປຣດ

pasta de chocolate

ກະລີ່

curry

ຟາມ

granja

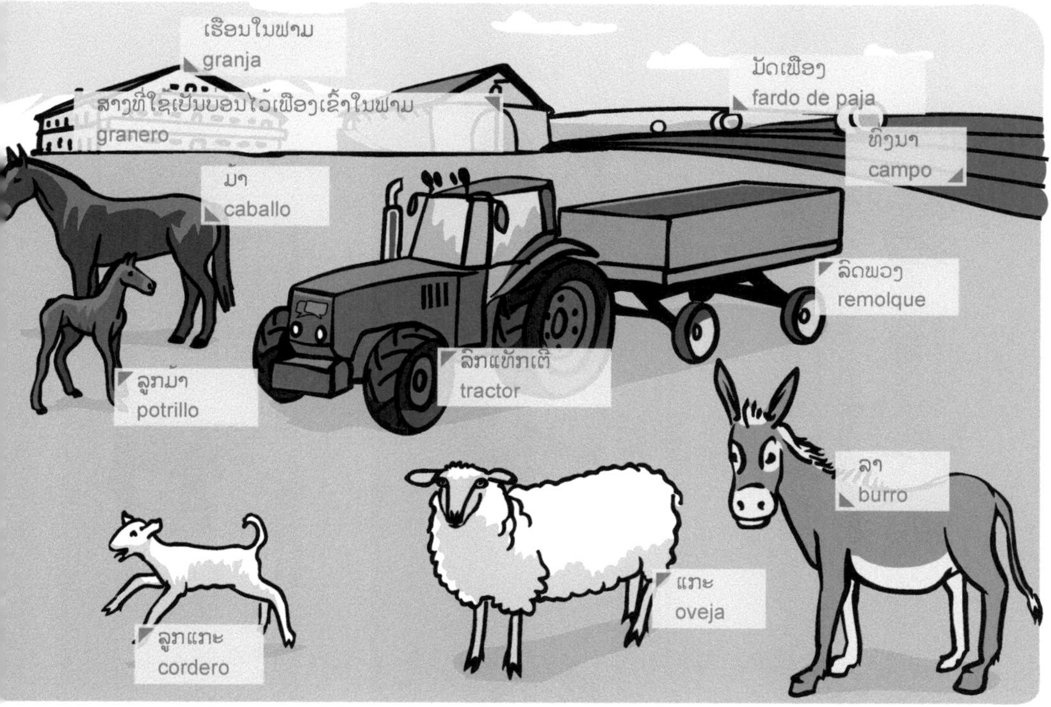

ເຮືອນໃນຟາມ
granja
ມັດເຟືອງ
fardo de paja
ສາງທີ່ໃຊ້ເປັນບ່ອນໄວ້ເຟືອງເຂົ້າໃນຟາມ
granero
ທົ່ງນາ
campo
ມ້າ
caballo
ລົດພ່ວງ
remolque
ລົດແທັກເຕີ
tractor
ລູກມ້າ
potrillo
ລາ
burro
ແກະ
oveja
ລູກແກະ
cordero

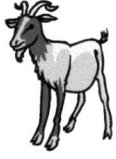

ແກະ

cabra

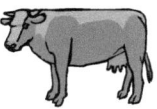

ງົວຕົວແມ່

vaca

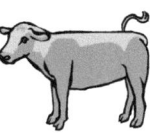

ລູກງົວ

ternero

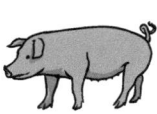

ໝູ

cerdo

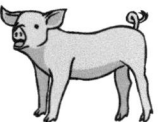

ລູກໝູ

lechón

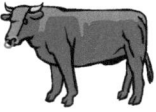

ງົວຕົວຜູ້

toro

ຫ່ານ

ganso

ເປັດ

pato

ລູກໄກ່

pollo

ແມ່ໄກ່

gallina

ໄກ່ຜູ້

gallo

ໜູ

rata

ແມວ

gato

ໜູ

ratón

ງົວຕົວຜູ້

buey

ໝາ

perro

ຄອກໝາ

cucha

ສາຍທໍ່ຢາງທີ່ໃຊ້ໃນສວນ

manguera

ຂີວຫົດຕົ້ນໄມ້

regadera

ກ່ຽວຄ້າມຍາວ

guadaña

ຄັນໄຖ

arado

ກ່ຽວ

hoz

ຈົກ

azada

ຄາດ

horquilla

ຂວານ

hacha

ລົດຍູ້ລໍ້ດຽວ

carretilla

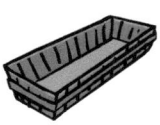

ຮາງລົມ

abrevadero

ປ່ອງນົມ

lechera

ກະສອບ

bolsa

ຮົ້ວ

reja

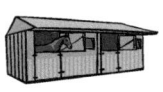

ຄອກມ້າ

establo

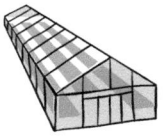

ເຮືອນກະຈົກ

invernadero

ດິນ

suelo

ແກ່ນ

semilla

ປຸ໋ຍ

fertilizador

ເຄື່ອງກ່ຽວເຂົ້າ

cosechadora

ເກັບກ່ຽວ
cosechar

ການເກັບກ່ຽວ
cosecha

ເຜືອກ
batatas

ເຂົ້າສາລີ
trigo

ຖົ່ວເຫຼືອງ
soja

ມັນຝັ່ງ
papa

ເຂົ້າໂພດ
maíz

ດອກເຣພຊິດ
semilla de colza

ຕົ້ນໄມ້ທີ່ອອກໝາກ
árbol frutal

ມັນຕົ້ນ
mandioca

ພືດຊະນິດເມັດ
cereales

ເຮືອນ

casa

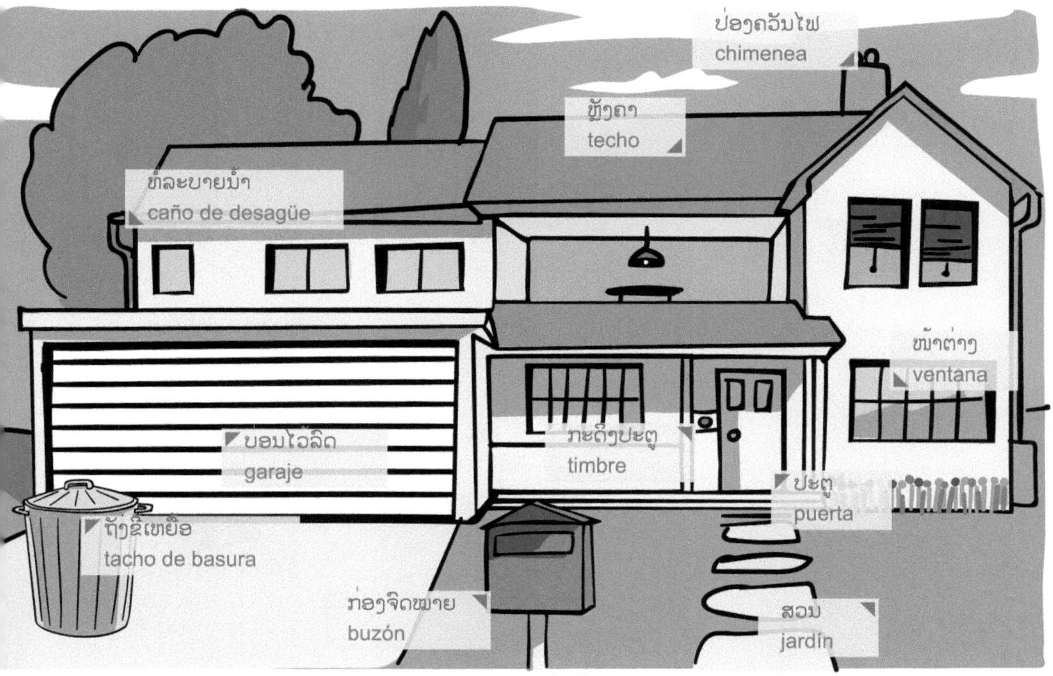

ປ່ອງຄວັນໄຟ
chimenea
ຫຼັງຄາ
techo
ທໍ່ລະບາຍນ້ຳ
caño de desagüe
ໜ້າຕ່າງ
ventana
ບ່ອນໄວ້ລົດ
garaje
ກະດິ່ງປະຕູ
timbre
ປະຕູ
puerta
ຖັງຂີ້ເຫຍື້ອ
tacho de basura
ກ່ອງຈົດໝາຍ
buzón
ສວນ
jardín

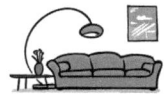

ຫ້ອງຮັບແຂກ

living

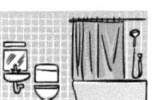

ຫ້ອງນ້ຳ

baño

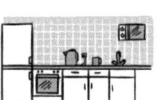

ຫ້ອງຄົວ

cocina

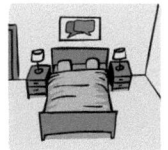

ຫ້ອງນອນ

dormitorio

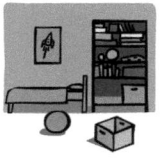

ຫ້ອງພັກສຳລັບເດັກນ້ອຍ

cuarto de los chicos

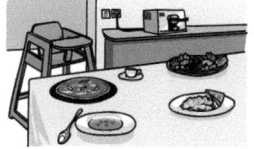

ຫ້ອງອາຫານ

comedor

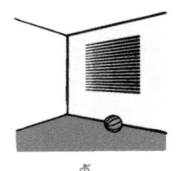

ພື້ນ

piso

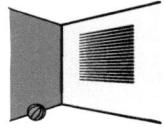

ຝາຜະໜັງ

pared

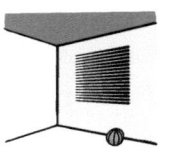

ເພດານ

cielorraso

ຫ້ອງເກັບເຄື່ອງໃຕ້ດິນ

sótano

ຫ້ອງອົບອາຍນ້ຳ

sauna

ລະບຽງ

balcón

ຊຸ້ມຕາມຂ້າງພູ

terraza

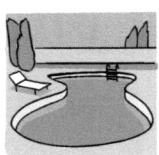

ສະລອຍນ້ຳ

pileta

ເຄື່ອງຕັດຫຍ້າ

cortadora de pasto

ຜ້າປູບ່ອນນອນ

sábana

ຜ້າປູຕຽງ

acolchado

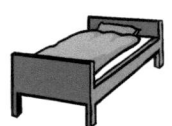

ຕຽງ

cama

ຟອຍ

escoba

ຖຸ

balde

ສະວິດ

interruptor

ຫ້ອງຮັບແຂກ

living

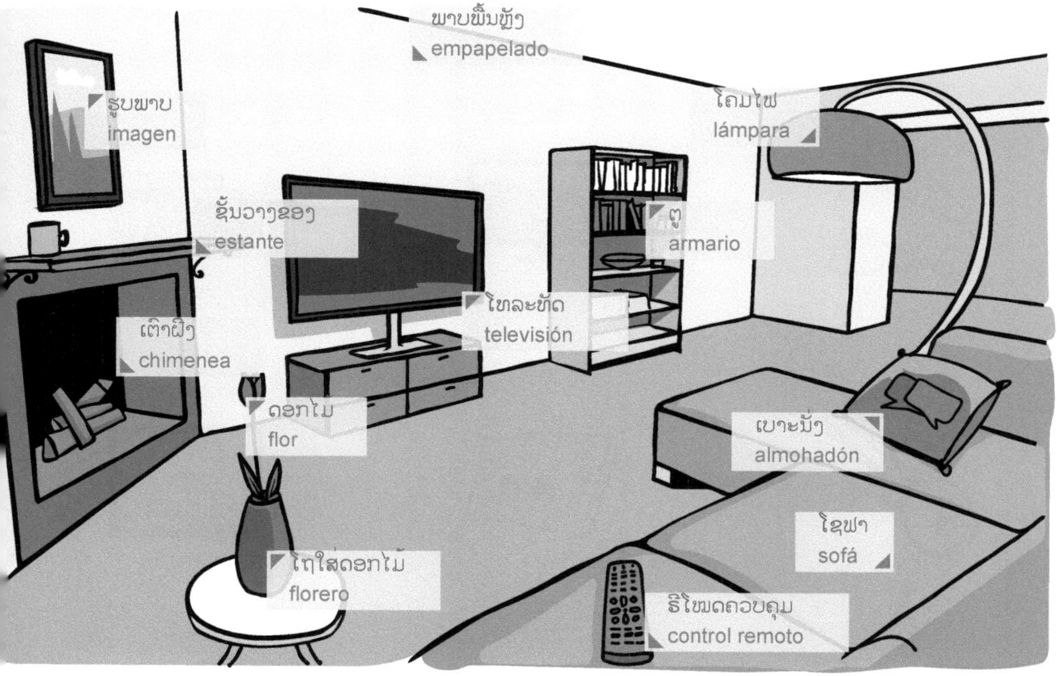
ພາບພື້ນຫຼັງ
empapelado
ຮູບພາບ
imagen
ໂຄມໄຟ
lámpara
ຊັ້ນວາງຂອງ
estante
ຕູ້
armario
ໂທລະທັດ
televisión
ເຕົາຜີງ
chimenea
ດອກໄມ້
flor
ເບາະນັ່ງ
almohadón
ໂຊຟາ
sofá
ໂຖໃສ່ດອກໄມ້
florero
ຣີໂໝດຄວບຄຸມ
control remoto

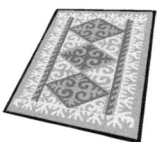

ພົມປູພື້ນ

alfombra

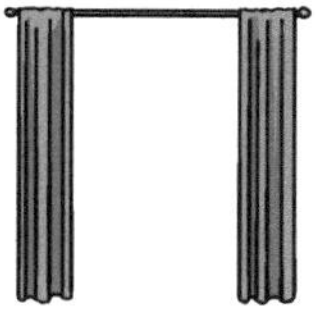

ຜ້າກັ້ງ

cortina

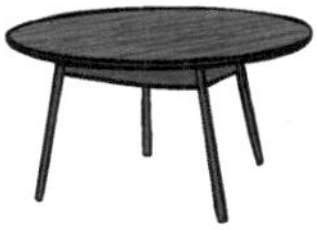

ໂຕະ

mesa

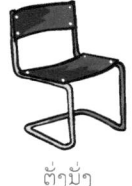

ຕັ່ງນັ່ງ

silla

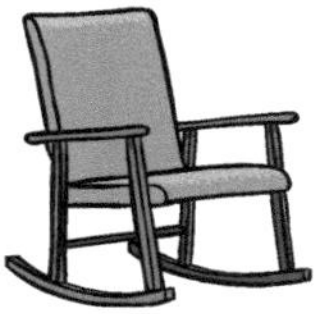

ຕັ່ງນັ່ງແບບໂຍກໄດ້

mecedora

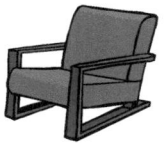

ຕັ່ງນັ່ງທີ່ມີບ່ອນວາງແຂນ

sillón

ໜັງສື

libro

ຜ້າຫົ່ມ

frazada

ຂອງຕົກແຕ່ງ

decoración

ຟືນ

leña

ຮູບເງົາ

película

ເຄື່ອງສຽງລະບົບໄຮໄຟ

equipo de música

ກະແຈ

llave

ໜັງສືພິມ

diario

ການແຕ້ມຮູບ

pintura

ໂປສເຕີ

póster

ວິທະຍຸ

radio

ແຜ່ນບັນທຶກ

cuaderno

ເຄື່ອງດູດຝຸ່ນ

aspiradora

ຕົ້ນກະບອງເພັດ

cactus

ທຽນໄຂ

vela

ຫ້ອງຄົວ

cocina

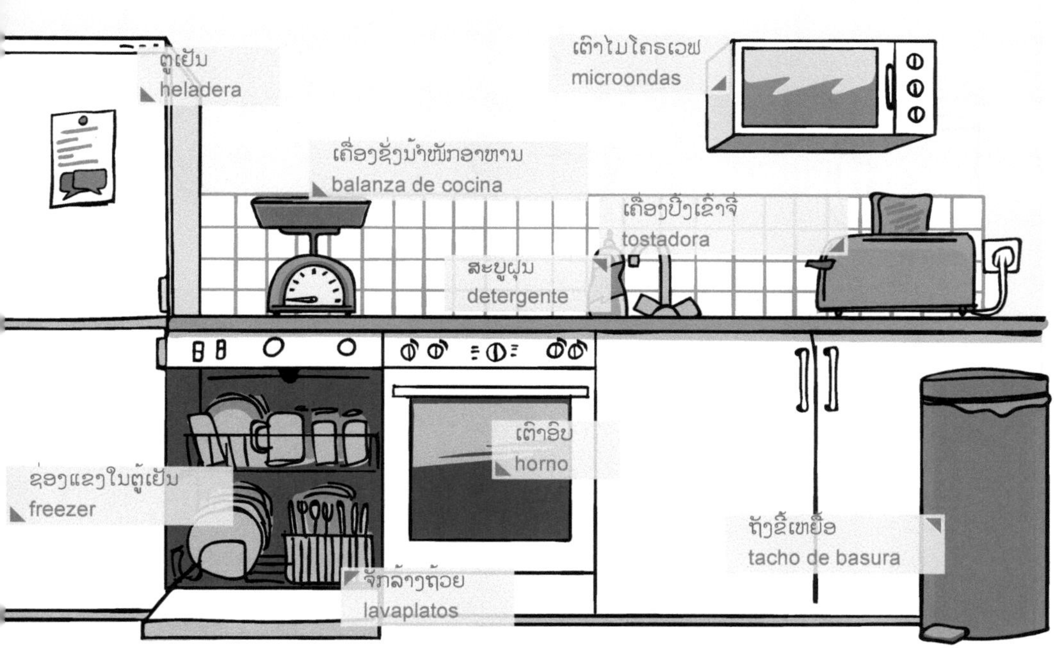
ຕູ້ເຢັນ
heladera
ເຕົາໄມໂຄຣເວຟ
microondas
ເຄື່ອງຊັ່ງນ້ຳໜັກອາຫານ
balanza de cocina
ເຄື່ອງປີ້ງເຂົ້າຈີ່
tostadora
ສະບູຝຸ່ນ
detergente
ເຕົາອົບ
horno
ຊ່ອງແຂງໃນຕູ້ເຢັນ
freezer
ຖັງຂີ້ເຫຍື້ອ
tacho de basura
ຈັກລ້າງຖ້ວຍ
lavaplatos

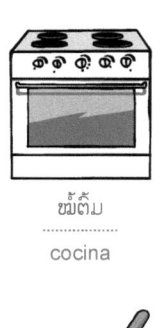

ໝໍ້ຕົ້ມ
....
cocina

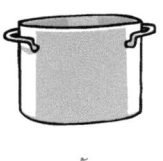

ໝໍ້
....
olla

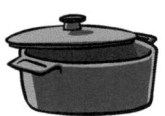

ໝໍ້ເຫຼັກຫຼໍ່
....
olla de hierro fundido

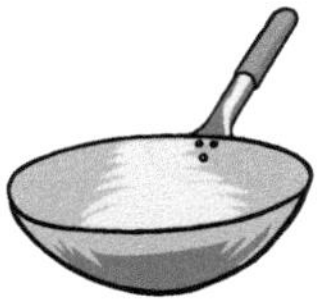

ໝໍ້ກະທະຈີນ
....
wok

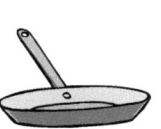

ໝໍ້ກະທະກົ້ນແບນ
....
sartén

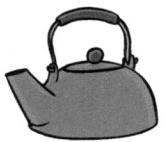

ກາຕົ້ມນ້ຳ
....
pava

ໝໍ້ໄອນ້ຳ

vaporera

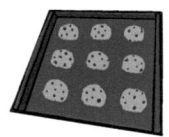

ຖາດອົບ

bandeja de horno

ເຄື່ອງຖ້ວຍຊາມ

vajilla

ຈອກທິນ

taza

ຖ້ວຍ

bol

ໄມ້ທູ່

palitos

ຈອງດ້າມຍາວ

cucharón

ຕະຫຼິວ

estpátula

ເຄື່ອງຕີໄຂ່

batidora

ກະຊອນ

colador

ເຄື່ອງຊ່ອນ

colador

ເຫຼັກຂູດ

rallador

ຄຶກ

mortero

ບາບີຄິວ

parrilla

ແຄມໄຟຖາງອອນ

fogata

ຂຽງ

tabla de picar

ໄມ້ນວດແປ້ງ

palo de amasar

ເຫຼັກໄຂດອນແກ້ວ

sacacorchos

ກະປ໋ອງ

lata

ເຄື່ອງເປີດກະປ໋ອງ

abrelatas

ຖົງມືຈັບຂອງຮ້ອນ

manopla

ອ່າງລ້າງຈານ

pileta

ແປງ

cepillo

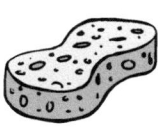

ຟອງນ້ຳ

esponja

ເຄື່ອງປັ່ນ

batidora

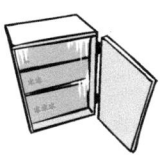

ຕູ້ແຊ່ແຂງ

congelador

ຂວດນົມ

mamadera

ກ໊ອກນ້ຳ

canilla

ຫອງນໍາ

baño

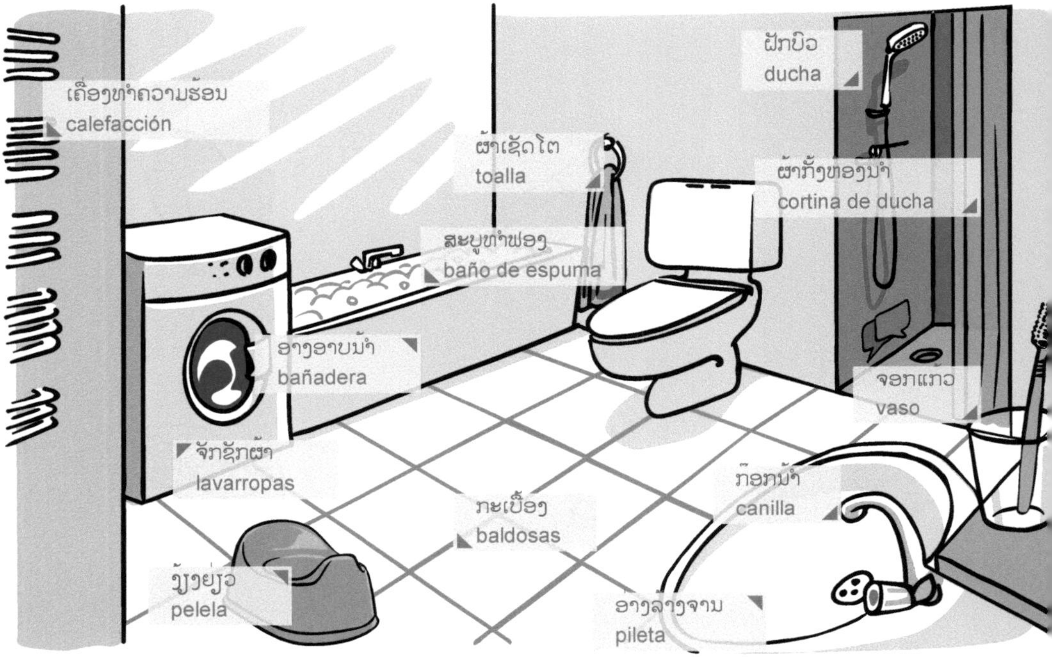

ເຄື່ອງທຳຄວາມຮ້ອນ
calefacción
ຝັກບົວ
ducha
ຜ້າເຊັດໂຕ
toalla
ຜ້າກັ້ງຫອງນ້ຳ
cortina de ducha
ສະບູທຳຟອງ
baño de espuma
ອ່າງອາບນ້ຳ
bañadera
ຈອກແກ້ວ
vaso
ຈັກຊັກຜ້າ
lavarropas
ກ໊ອກນ້ຳ
canilla
ກະເບື້ອງ
baldosas
ງູ້ງຍ່ຽວ
pelela
ອ່າງລ້າງຈານ
pileta

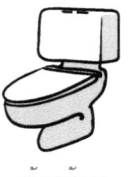

ຫ້ອງສ້ວມ

inodoro

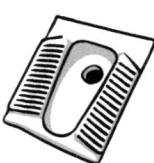

ໂຖສ້ວມແບບນັ່ງຍອງ

letrina

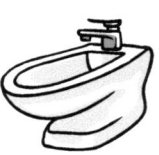

ໂຖຍ່ຽວຂອງຜູ້ຍິງ

bidé

ໂຖຍ່ຽວຂອງຜູ້ຊາຍ

mingitorio

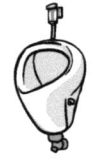

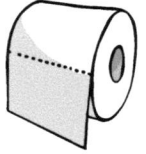

ກະດາດຊຳລະທີ່ໃຊ້ໃນຫ້ອງນ້ຳ

papel higiénico

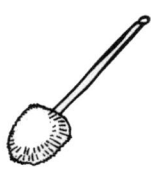

ແປງຂັດຫ້ອງນ້ຳ

cepillo para el inodoro

ແປງສີຟັນ

cepillo de dientes

ຍາສີຟັນ

dentífrico

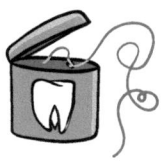

ໄໝຂັດແຂ້ວ

hilo dental

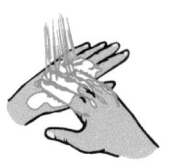

ລ້າງ

lavar

ຝັກບົວອາບນ້ຳທີ່ໃຊ້ມືຈັບ

ducha de mano

ເຄື່ອງສິດລ້າງ

ducha higiénica

ອ່າງລ້າງໜ້າ

palangana

ແປງຖູຫັງ

cepillo para espalda

ສະບູ

jabón

ເຈລອາບນ້ຳ

gel de ducha

ແຊມພູ

shampoo

ຜ້າຖູໂຕນ້ອຍ

toallita

ທໍ່ລະບາຍນ້ຳເສย

desagüe

ຄີມ

crema

ຍາດັບກິ່ນ

desodorante

ແອ່ນແຍງ

espejo

ແອ່ນມີຖື

espejito

ມີດແຖຫນວດ

maquinita de afeitar

ໂຟມແຖຫນວດ

espuma de afeitar

ໂລຊັ່ນບຳລຸຜິວຫຼັງແຖຫນວດ

aftershave

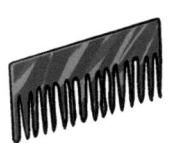

ຫວີ

peine

ແປງ

cepillo

ຈັກເປົ່າຜົມ

secador de pelo

ສະເປຮິດຜົມ

spray

ຊຸດເຄື່ອງສຳອາງ

maquillaje

ລິບສະຕິກທາສົບ

lápiz de labios

ນ້ຳຢາທາເລັບ

esmalte para uñas

ສຳລີ

algodón

ມີດຕັດເລັບ

tijera para uñas

ນ້ຳຫອມ

perfume

ກະເປົ໋າອາບນ້ຳ

portacosméticos

ຕັ່ງສາມຂາ

banqueta

ເຄື່ອງຊັ່ງນ້ຳໜັກ

balanza

ເສື້ອຄຸມອາບນ້ຳ

bata

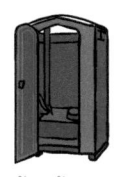

ຖົງມືຢາງ

guantes de goma

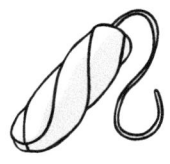

ຜ້າອະນາໄມແບບສອດ

tampón

ຜ້າອະນາໄມ

toallita femenina

ຫ້ອງນ້ຳເຄມິ

baño químico

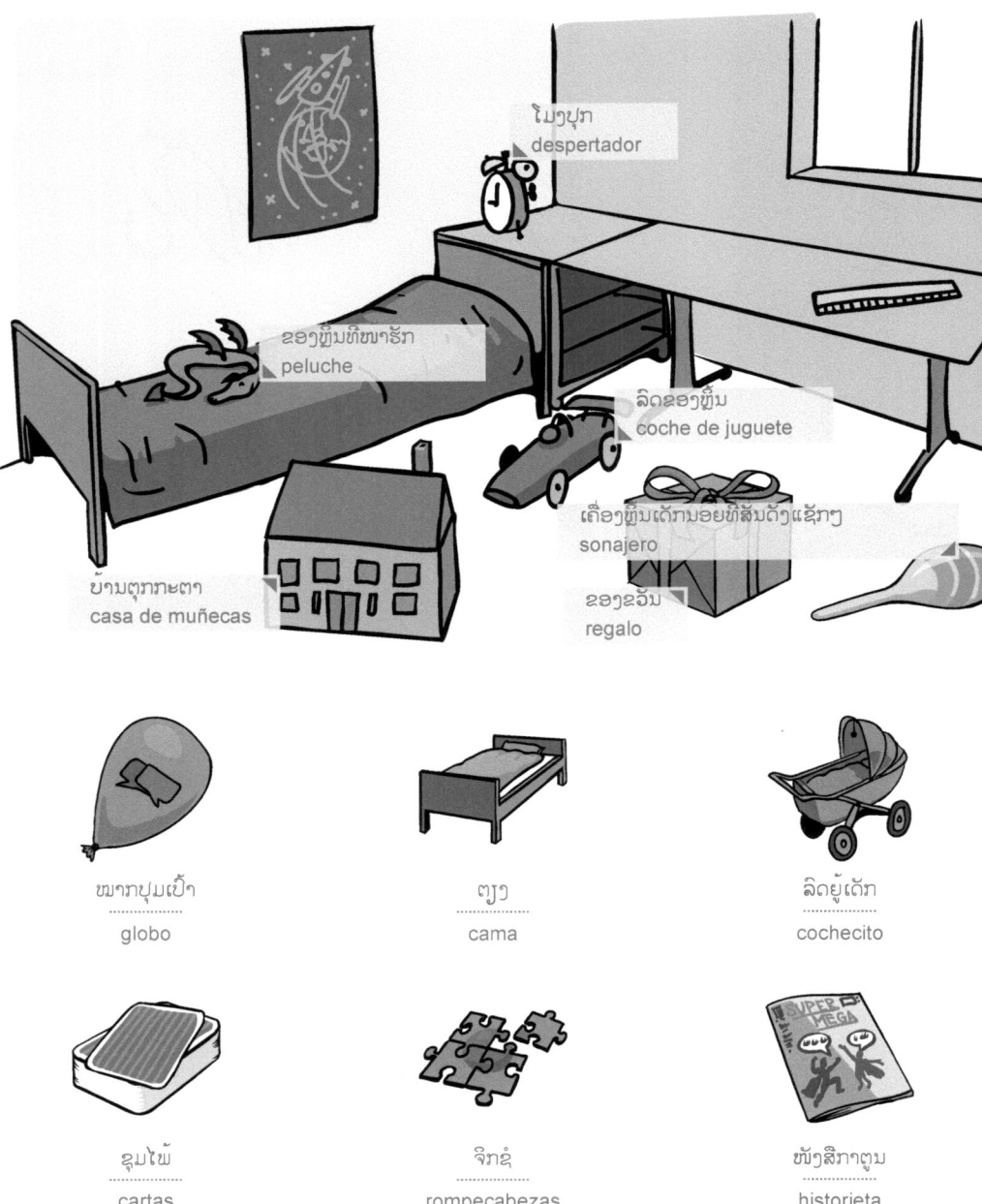

ໂມງປຸກ
despertador

ຂອງຫຼິ້ນທີ່ເຮົາຮັກ
peluche

ລົດຂອງຫຼິ້ນ
coche de juguete

ເຄື່ອງຫຼິ້ນເດັກນ້ອຍທີ່ສັ່ນດັງແຊັກໆ
sonajero

ບ້ານຕຸກກະຕາ
casa de muñecas

ຂອງຂວັນ
regalo

ໝາກບຸ່ມເບັ້າ
globo

ຕຽງ
cama

ລົດຍູ້ເດັກ
cochecito

ຊຸມໄພ້
cartas

ຈິກຊໍ
rompecabezas

ໜັງສືກາຕູນ
historieta

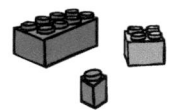

ຕິດຕໍ່ເລໂກ້

piezas de lego

ບລ໋ອກຂອງຫຼິ້ນ

ladrillos de juguete

ຮູບປັ້ນທີ່ເຄື່ອນໄຫວໄດ້

figura de acción

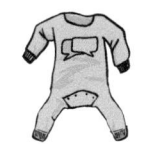

ເສື້ອຜ້າເດັກເກີດໃຫມ່

enterito (de bebé)

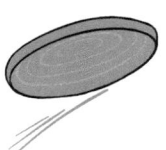

ຈານບິນ

frisbee

ສິ່ງທີ່ແກວ່ງໄປມາແຂນຢູ່ເທິງຫົວ
ຖຽງເດັກນ້ອຍ

móvil para bebés

ເກມກະດານ

juego de mesa

ຫມາກກະລ້ອກ

dados

ຊຸດລົດໄຟຈຳລອງ

tren eléctrico

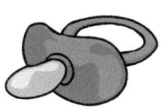

ຮູບທຸມ

chupete

ງານລ້ຽງ

fiesta

ຫັງສືພາບ

libro de cuentos ilustrado

ຫມາກບານ

pelota

ຕຸກກະຕາ

muñeca

ຫຼິ້ນ

jugar

ຂຸມດິນຊາຍສຳລັບເດັກນ້ອຍຫຼິ້ນ

arenero

ຊີງຊ້າ

hamaca

ຂອງຫຼິ້ນ

juguetes

ເຄື່ອງຫຼິ້ນວິດີໂອເກມ

consola de videojuegos

ລົດຖີບສາມລໍ້

triciclo

ຕຸກກະຕາໝີ

osito de peluche

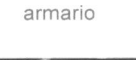

ຕູ້ເສື້ອຜ້າ

armario

ລອງເທົ້າ

medias

ຖົງເທົ້າຍາວຜູ້ຍິງ

medias panty

ໃສ້ງຢືດແບບເນື້ອ

calzas

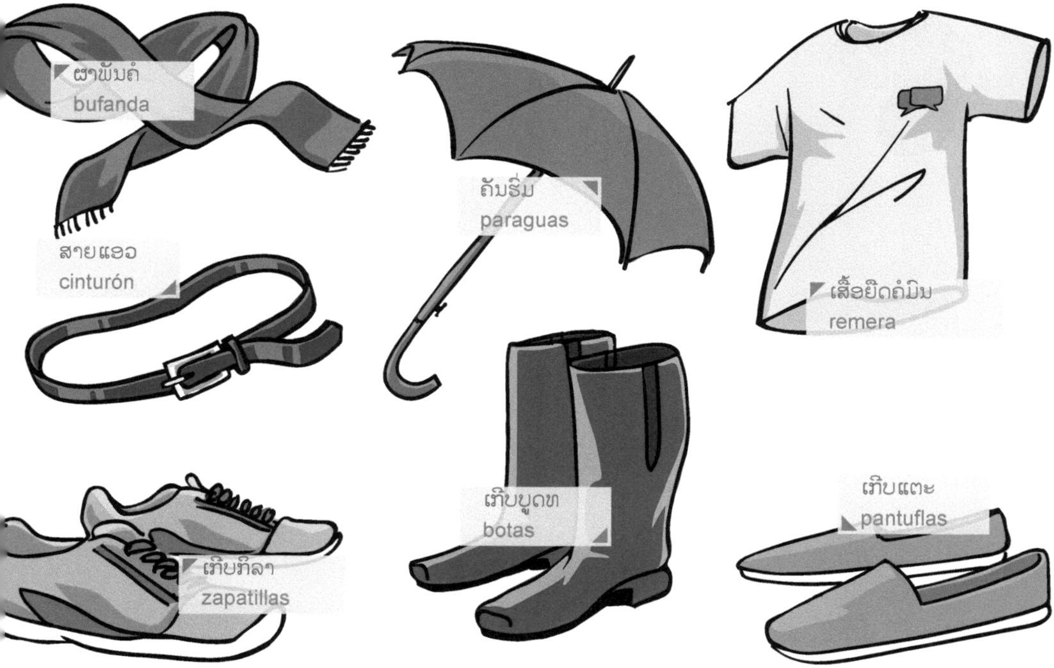

ຜ້າພັນຄໍ
bufanda

ສາຍແອວ
cinturón

ຄັນຮົ່ມ
paraguas

ເສື້ອຍືດຄໍມົນ
remera

ເກີບກິລາ
zapatillas

ເກີບບູດທ
botas

ເກີບແຕະ
pantuflas

ເກີບຮັດດານ
sandalias

ເກີບ
zapatos

ເກີບບູດທ໌ຍາງ
botas de goma

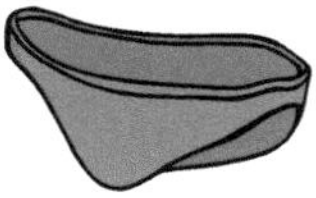

ໂສ້ງຊ້ອນໃນ
ropa interior

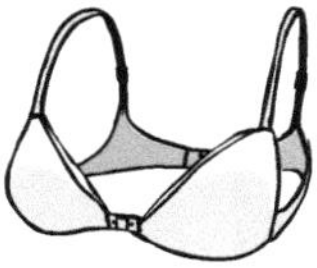

ເສື້ອຊ້ອນໃນ
corpiño

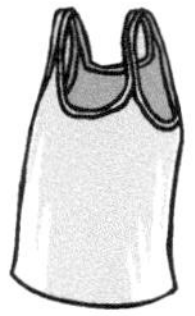

ເສື້ອກ້າມ
chaleco

ເສື້ອຮັດທຸ່ມ

body

ໄສ້ງຂາຍາວ

pantalones

ໄສ້ງຍົມ

jeans

ກະໂປ່ງ

pollera

ເສື້ອຜູ້ຍິງ

blusa

ເສື້ອເຊິດ

camisa

ເສື້ອກັນຫນາວ

pulóver

ເສື້ອຄຸມມີໝວກ

buzo

ເສື້ອໃຫຍ່ທີ່ຕິດກາໂຮງຮຽນຫຼືກາທິມກິລາ

blazer

ເສື້ອແຈັກເກັດ

campera

ເສື້ອນອກ

tapado

ເສື້ອກັນຝົນ

piloto

ເຄື່ອງແຕ່ງກາຍ

traje

ກະໂປ່ງ

vestido

ຊຸດແຕ່ງງານ

vestido de novia

ເສື້ອຜ້າ - ropa

ເສື້ອສູດ

traje

ຊຸດລາຕິ

camisón

ຊຸດນອນ

pijama

ຊຸດຊາລິ

sari

ຜ້າຄຸມຫົວ

pañuelo para cabeza

ຜ້າພັນຫົວ

turbante

ເສື້ອບຸຣຸເຄາະ

burka

ເສື້ອຄຸມຄາຟຕານ

caftán

ເສື້ອຄຸມອາບາຍາ

abaya

ຊຸດລອຍນ້ຳ

traje de baño

ໂສ້ງໃສ່ລອຍນ້ຳ

short de baño

ໂສ້ງຂາສັ້ນ

shorts

ຊຸດວອມ

jogging

ຜ້າກັນເປື້ອນ

delantal

ຖິງມື

guantes

ກະດຸມ

botón

ແວ່ນຕາ

anteojos

ປອກແຂນ

pulsera

ສ້ອຍຄໍ

collar

ແຫວນ

anillo

ຕຸ້ມຫູ

aro

ຫມວກແກັບ

gorra

ກັ້ງແຂວນເສື້ອນອກ

percha

ຫມວກ

sombrero

ກາລະຫວັດ

corbata

ຊິບ

cierre

ຫມວກກັນກະທົບ

casco

ສາຍໂຍງໂສ້ງ

tiradores

ຊຸດນັກຮຽນ

uniforme escolar

ເຄື່ອງແບບ

uniforme

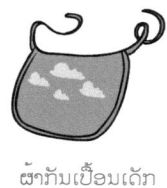

ຜ້າກັນເປື້ອນເດັກ

babero

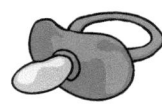

ຮູບຫຸ່ນ

chupete

ຜ້າອ້ອມ

pañal

ຫ້ອງການ
oficina

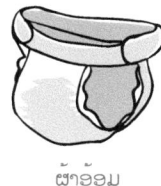

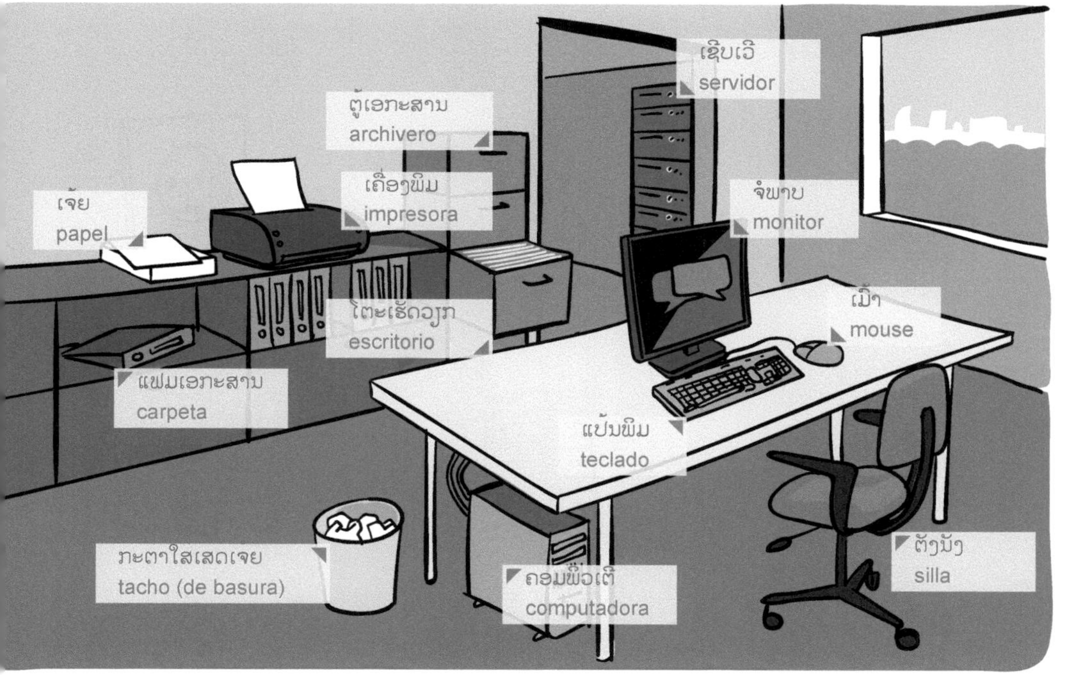

ເຊີບເວີ
servidor
ຕູ້ເອກະສານ
archivero
ເຄື່ອງພິມ
impresora
ເຈ້ຍ
papel
ຈໍພາບ
monitor
ໂຕະເຮັດວຽກ
escritorio
ເມົາ
mouse
ແຟ້ມເອກະສານ
carpeta
ແປ້ນພິມ
teclado
ກະຕ່າໃສ່ເສດເຈ້ຍ
tacho (de basura)
ຄອມພິວເຕີ
computadora
ຕັ່ງນັ່ງ
silla

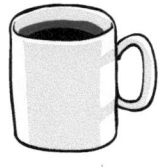

ຈອກທີນໃສ່ກາເຟ

taza de café

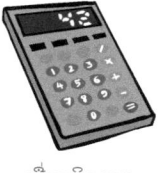

ເຄື່ອງຄິດເລກ

calculadora

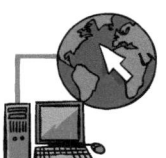

ອິນເຕີເນັດ

internet

ຄອມພິວເຕີແລັບທັອບ

laptop

ຈົດໝາຍ

carta

ຂໍ້ຄວາມ

mensaje

ໂທລະສັບມືຖື

celular

ເຄືອຂ່າຍ

red

ເຄື່ອງຖ່າຍເອກະສານ

fotocopiadora

ຊອບແວ

software

ໂທລະສັບ

teléfono

ປັກໄຟ

tomacorriente

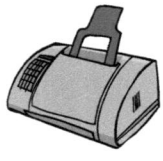

ເຄື່ອງແຟັກ

fax

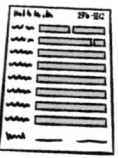

ແບບຟອມ

formulario

ເອກະສານ

documento

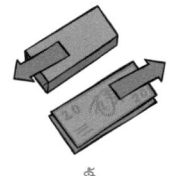

ຊື້

comprar

ຈ່າຍ

pagar

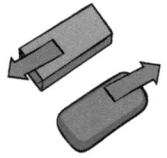

ຄ້າຂາຍ

hacer negocios

ເງິນ

dinero

ເງິນດອນລາ

dólar

ເງິນຢູໂຣ

euro

ເງິນເຢນ

yen

ເງິນຣູເບິລ

rublo

ເງິນຝຣັ່ງສະວິດ

franco suizo

ເງິນຢວນເຣັນພິນບີ້

yuan

ເງິນຣູປີ

rupia

ເຄື່ອງສໍາລັບກົດເງິນສົດຈາກທະນະ
ຄານ

cajero automático

ບ່ອນແລກປ່ຽນເງິນຕາ

casa de cambio

ທອງຄຳ

oro

ເງິນ

plata

ນ້ຳມັນ

petróleo

ພະລັງງານ

energía

ລາຄາ

precio

ສັນຍາ

contrato

ພາສີ

impuesto

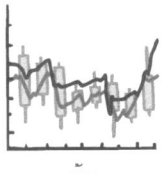

ຫຸ້ນ

acción

ເຮັດວຽກ

trabajar

ລູກຈ້າງ

empleado

ນາຍຈ້າງ

empleador

ໂຮງງານ

fábrica

ຮ້ານຄ້າ

negocio

ອາຊີບ
ocupaciones

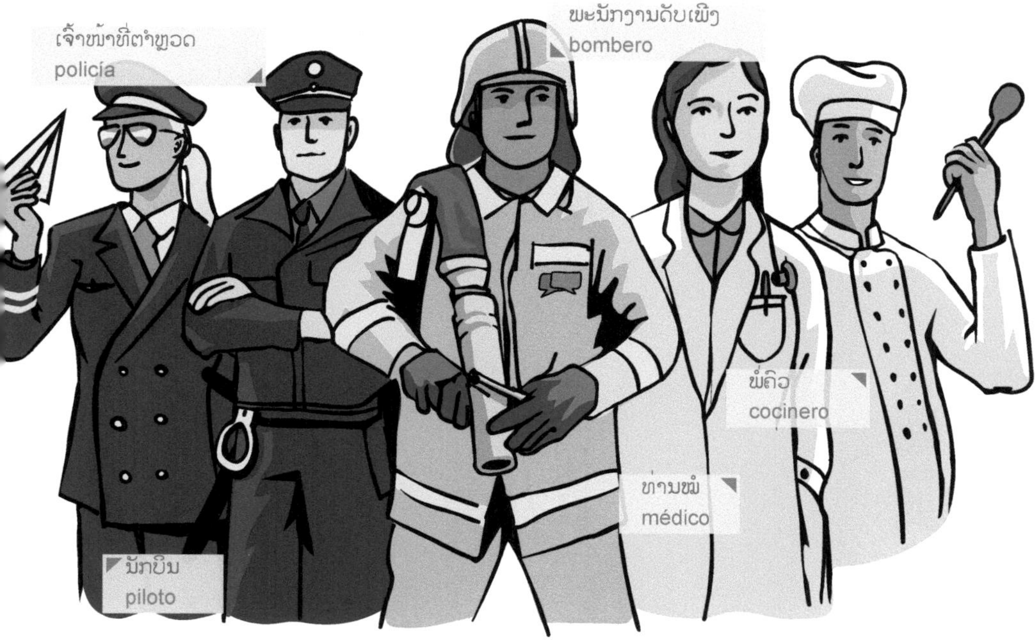

ເຈົ້າໜ້າທີ່ຕຳຫຼວດ
policía
ພະນັກງານດັບເພີງ
bombero
ພໍ່ຄົວ
cocinero
ທ່ານໝໍ
médico
ນັກບິນ
piloto

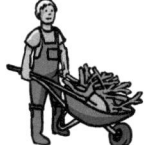

ຊາວສວນ

jardinero

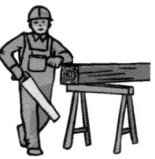

ຊ່າງໄມ້

carpintero

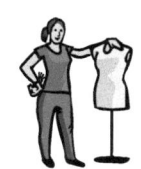

ຊ່າງຫຍິບຜ້າທີ່ເປັນຜູ້ຍິງ

modista

ຜູ້ພິພາກສາ

juez

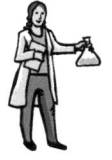

ນັກເຄມີ

farmacéutico

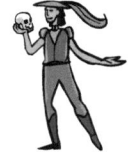

ນັກສະແດງຊາຍ

actor

ຄົນຂັບລົດເມປະຈຳທາງ

colectivero

ຄົນຂັບແທັກຊີ

taxista

ຊາວປະມົງ

pescador

ແມ່ບ້ານທຳຄວາມສະອາດ

mucama

ຊ່າງມຸງຫຼັງຄາ

techista

ຄົນເສີບຂາຍ

mozo

ນາຍພານ

cazador

ຊ່າງຫາສີ

pintor

ຄົນເຮັດເຂົ້າໜົມປັງ

panadero

ຊ່າງໄຟຟ້າ

electricista

ຊ່າງກໍ່ສ້າງ

albañil

ວິສະວິກອນ

ingeniero

ຄົນຂາຍຊີ້ນ

carnicero

ຊ່າງນ້ຳປະປາ

plomero

ບູລຸດໄປສະນີ

cartero

ທະຫານ

soldado

ສະຖາປະນິກ

arquitecto

ພະນັກງານເກັບເງິນ

cajero

ຄົນຂາຍດອກໄມ້

florista

ຊ່າງແຕ່ງຜົມ

peluquero

ພະນັກງານກວດປີ້ລົດ

cobrador

ຊ່າງສ້ອມລົດຍົນ

mecánico

ຜູ້ບັງຄັບການ

capitán

ທັນຕະແພດ

dentista

ນັກວິທະຍາສາດ

científico

ພະໃນສາສະໜາຍິວ

rabino

ຜູ້ນຳຊາວມຸສລິມ

imán

ຄູບາ

monje

ນັກບວດ

sacerdote

ເຄືອງມື

herramientas

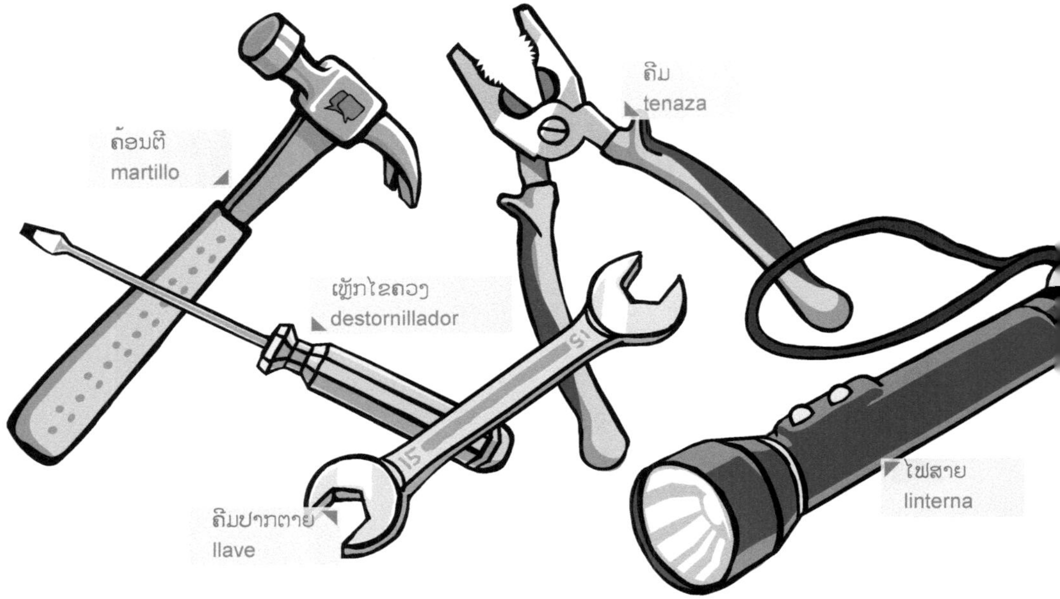

ຄ້ອນຕີ
martillo
ຄີມ
tenaza
ເຫຼັກໄຂຄວງ
destornillador
ຄີມປາກຕາຍ
llave
ໄຟສາຍ
linterna

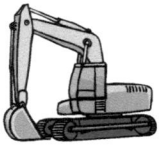

ເຄື່ອງຂຸດ

excavadora

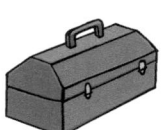

ກັບເຄື່ອງມື

caja de herramientas

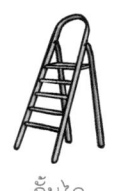

ຂັ້ນໄດ

escalera portátil

ເລື່ອຍ

sierra

ຕະປູ

clavos

ເຫຼັກຊີ

taladro

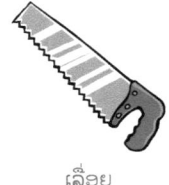

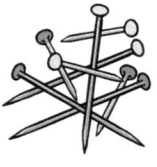

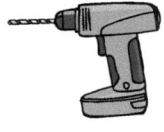

ສ້ອມແປງ

arreglar

ຊ້ວນ

pala de jardín

ຕາຍທ່າ!

¡Qué bronca!

ຂອງຂວ້ານຂີ້ເຫຍື້ອ

pala de plástico

ຖັງສີ

tacho de pintura

ຕະປູກ່ງວ

tornillos

ເຄື່ອງດົນຕີ

instrumentos musicales

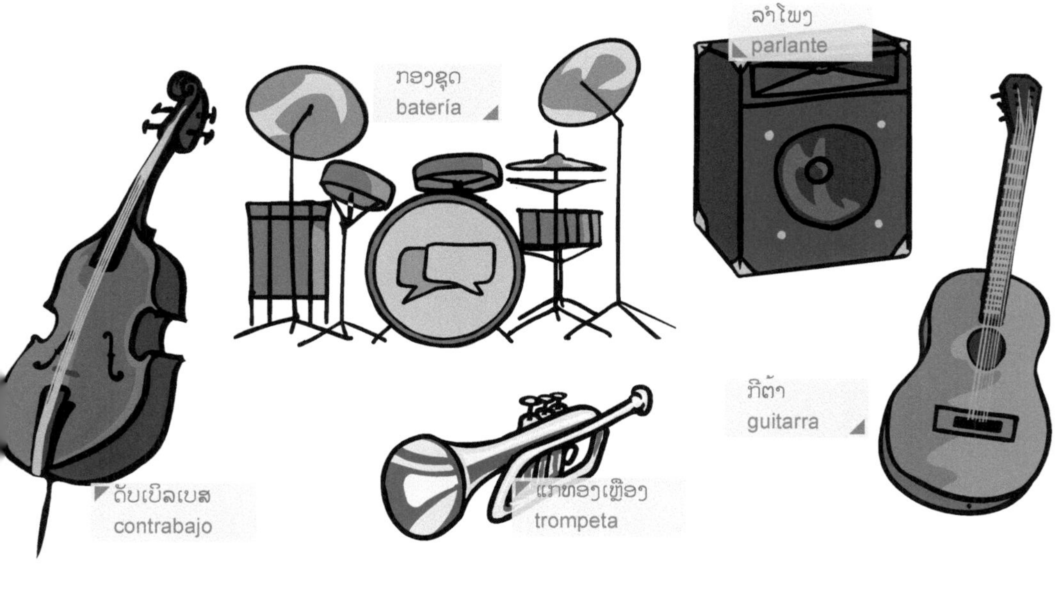

ລຳໂພງ
parlante

ກອງຊຸດ
batería

ກີຕ້າ
guitarra

ດັບເບິລເບສ
contrabajo

ແກທອງເຫຼືອງ
trompeta

ເປຍໂນ

piano

ໄວໂອລິນ

violín

ເບສ

bajo

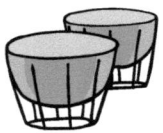

ກອງທິມປານີ

timbales

ກອງຊຸດ

tambor

ຄີບອດ

teclado

ແຊັກໂຊໂຟນ

saxofón

ຂຸ່ຍ

flauta

ໄມໂຄຣໂຟນ

micrófono

ສວນສັດ

zoológico

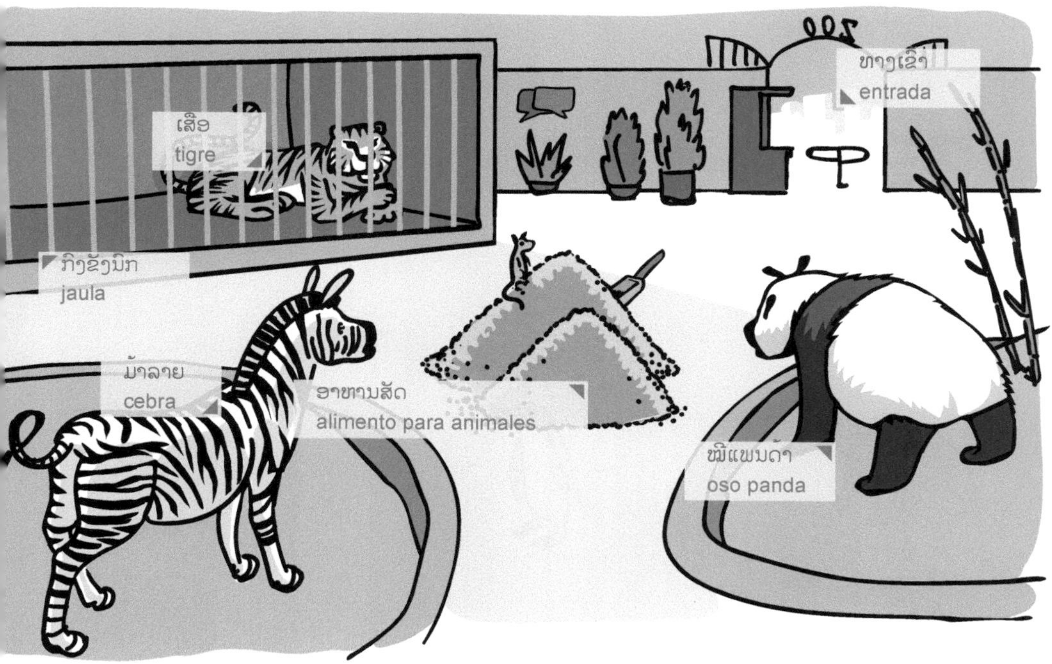
ເສືອ
tigre
ກົງຂັງນົກ
jaula
ມ້າລາຍ
cebra
ອາຫານສັດ
alimento para animales
ໝີແພນດ້າ
oso panda
ທາງເຂົ້າ
entrada

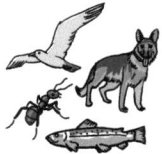

ສັດ

animales

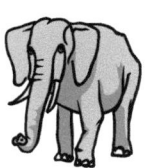

ຊ້າງ

elefante

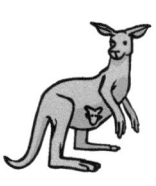

ກັງກາຣູ

canguro

ແຮດ

rinoceronte

ລິງໂທນໃຫຍ່

gorila

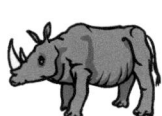

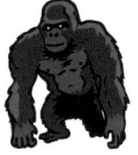

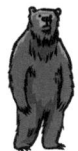

ໝີ

oso

ອູດ
camello

ນົກກະຈອກເທດ
avestruz

ສິງໂຕ
león

ລິງ
mono

ນົກຟລາມິງໂກ
flamenco

ນົກແກ້ວ
loro

ໝີຂົ້ວໂລກ
oso polar

ນົກເພັນກວິນ
pingüino

ປາສະຫຼາມ
tiburón

ນົກຍູງ
pavo real

ງູ
serpiente

ແຂ້
cocodrilo

ຜູ້ເບິ່ງແຍງສວນສັດ
cuidador del zoológico

ແມວນ້ຳ
foca

ເສືອຈາກົວ
jaguar

ມ້ັພັນນ້ອຍ

poni

ເສືອດາວ

leopardo

ຮິບໂປ

hipopótamo

ໂຕຈິຣາຟ

jirafa

ໜງວ

águila

ໝູປ່າຕິວຜູ້

jabalí

ປາ

pescado

ເຕົ່າ

tortuga

ຊ້າງນ້ຳ

morsa

ໝາຈອກ

zorro

ກວາງນ້ອຍ

gacela

deportes

ອາເມລິກັນຟຸດບອນ
fútbol americano

ຂີ່ລົດຖີບ
ciclismo

ກິລາເທນນິສ
tenis

ບັສເກັດບອລ
básquet

ກິລາລອຍນ້ຳ
natación

ຊົກມວຍ
boxeo

ກິລາຕີຄີເທິນນ້ຳແຂງ
hockey sobre hielo

ກິລາເຕະບານ
....
fútbol

ກິລາຕິດອກປີກໄກ່
....
bádminton

ກິລາປະເພດ ແລ່ນ
ເຕັ້ນແລະແກວ່ງ
....
atletismo

ແຮນບອລ
....
handball

ກິລາສະກີ້
....
esquí

ກິລາໂປໂລນ້ຳ
....
polo

ກິດຈະກຳ

actividades

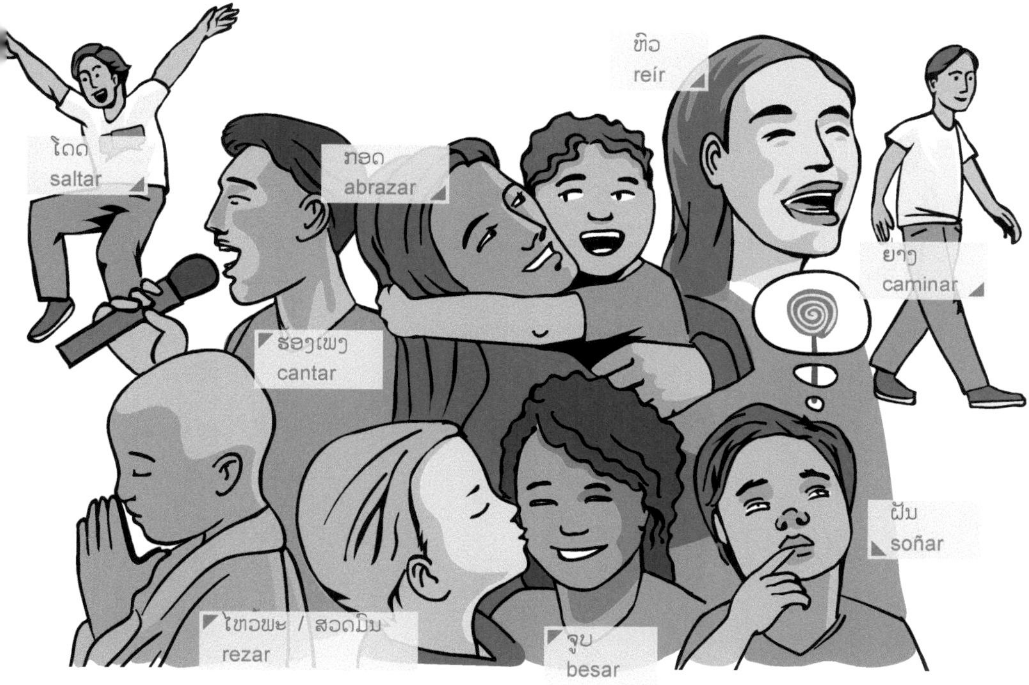

ໂດດ
saltar
ກອດ
abrazar
ຫົວ
reír
ຍ່າງ
caminar
ຮ້ອງເພງ
cantar
ຝັນ
soñar
ໄຫວ້ພະ / ສວດມົນ
rezar
ຈູບ
besar

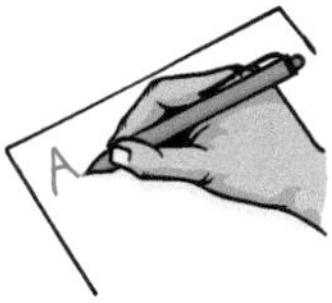

ຂຽນ

escribir

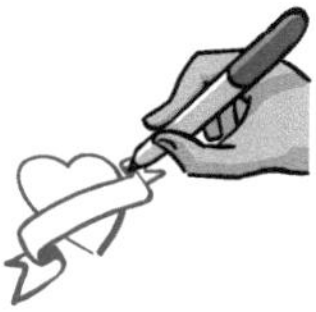

ແຕ້ມ

dibujar

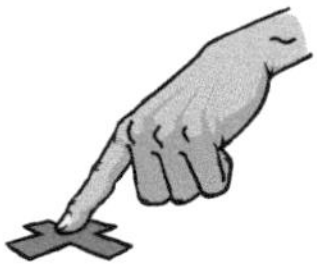

ສະແດງ

mostrar

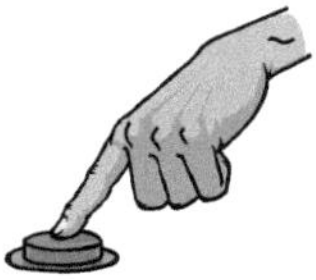

ຍູ້

presionar

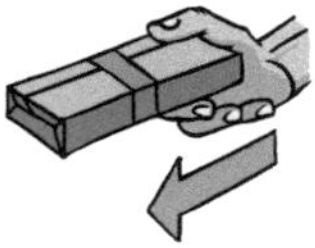

ໃຫ້

dar

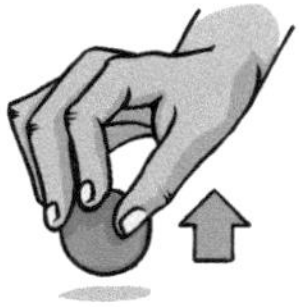

ເອົາໄປ

tomar

ມີ
tener

ເຮັດ
hacer

ເປັນ
ser

ຢືນ
estar parado

ແລ່ນ
correr

ດຶງ
tirar

ໂຍນ
tirar

ລົ້ມ
caer

ນອນຢຽດ
estar acostado

ລໍຖ້າ
esperar

ຖື
llevar

ນັ່ງ
estar sentado

ແຕ່ງຕົວ
vestirse

ນອນຫຼັບ
dormir

ຕື່ນນອນ
despertar

ເບິ່ງ

mirar

ຮ້ອງໄຫ້

llorar

ລູບ

acariciar

ຫວີຜົມ

peinar

ລົມ

hablar

ເຂົ້າໃຈ

entender

ຖາມຖາມ

preguntar

ຟັງ

escuchar

ດື່ມ

beber

ກິນ

comer

ຈັດໃຫ້ເປັນລະບຽບ

ordenar

ຮັກ

amar

ຄົວກິນ

cocinar

ຂັບລົດ

manejar

ບິນ

volar

ແລ່ນເຮືອ

navegar

ຄິດໄລ່

calcular

ອ່ານ

leer

ຮຽນຮູ້

aprender

ເຮັດວຽກ

trabajar

ແຕ່ງງານ

casarse

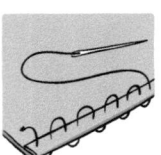

ທຍິບ

coser

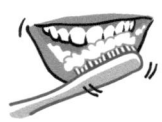

ແປງຟັນ

cepillarse los dientes

ຂ້າ

matar

ສູບຢາ

fumar

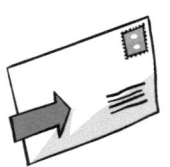

ສົ່ງ

enviar

ແມ່ເຖົ້າ
abuela

ພໍ່ເຖົ້າ
abuelo

ພໍ່
padre

ແມ່
madre

ເດັກເກີດໃໝ່
bebé

ລູກສາວ
hija

ລູກຊາຍ
hijo

ແຂກ
invitado

ປ້າ
tía

ລຸງ
tío

ອ້າຍນ້ອງ
hermano

ເອື້ອຍນ້ອງ
hermana

ຮາງກາຍ

cuerpo

ໜ້າຜາກ
frente
ຕາ
ojo
ບ່າໄຫຼ່
hombro
ນີ້ວມື
dedo
ໃບໜ້າ
cara
ຄາງ
pera
ມື
mano
ໜ້າເອິກ
pecho
ຂາ
pierna
ແຂນ
brazo

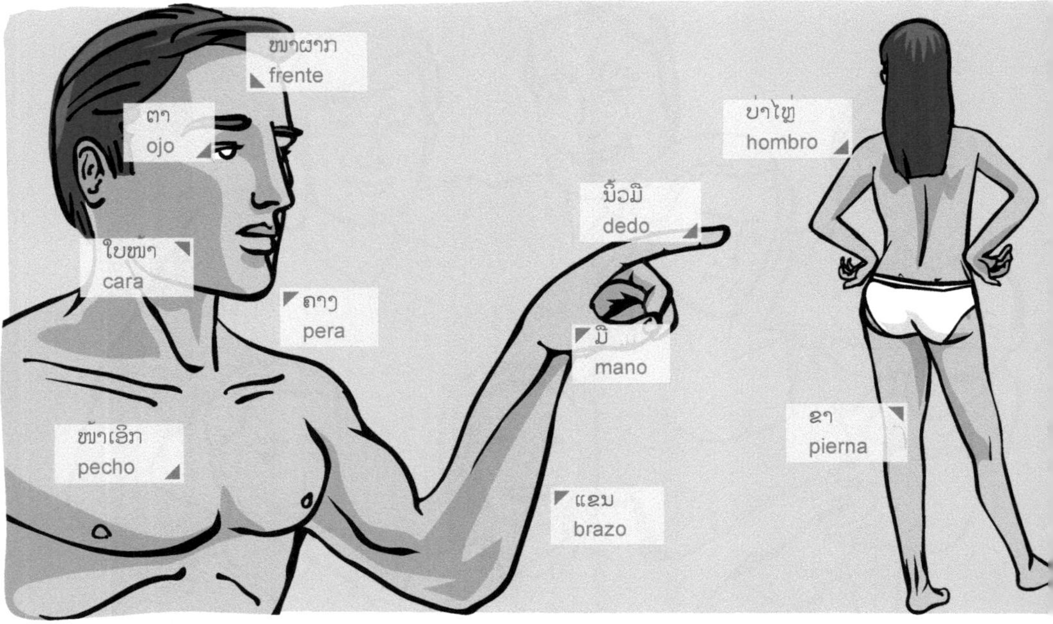

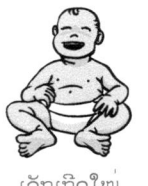

ເດັກເກີດໃໝ່

bebé

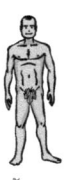

ຜູ້ຊາຍ

hombre

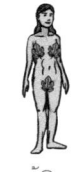

ຜູ້ຍິງ

mujer

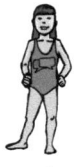

ເດັກຍິງ

nena

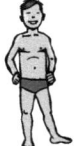

ເດັກຊາຍ

nene

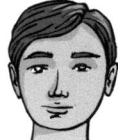

ຫົວ

cabeza

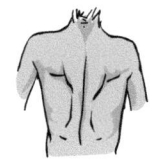

ຫຼັງ
....
espalda

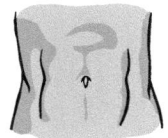

ທ້ອງ
....
panza

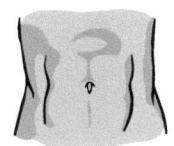

ສະບື
....
ombligo

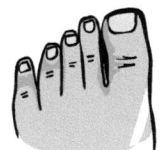

ນິ້ວຕີນ
....
dedo del pie

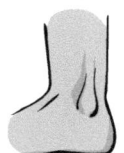

ສົ້ນຕີນ
....
talón

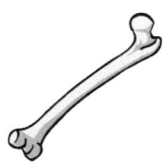

ກະດູກ
....
hueso

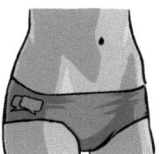

ກະໂພກ
....
cadera

ຫົວເຂົ່າ
....
rodilla

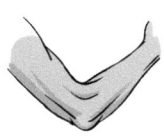

ແຂນສອກ
....
codo

ດັງ
....
nariz

ກົ້ນ
....
cola

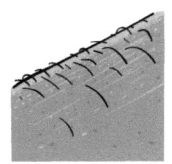

ຜິວໜັງ
....
piel

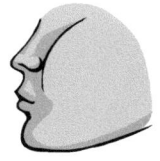

ແກ້ມ
....
cachete

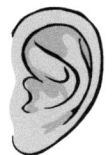

ຫູ
....
oreja

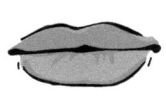

ຮີມສົບ
....
labio

ປາກ

boca

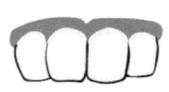

ແຂ້ວ

diente

ລີ້ນ

lengua

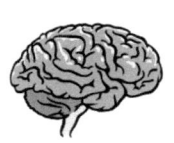

ສະໝອງ

cerebro

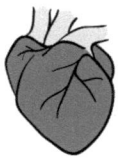

ຫົວໃຈ

corazón

ກ້າມເນື້ອ

músculo

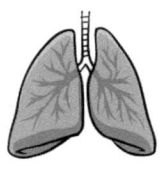

ປອດ

pulmón

ຕັບ

hígado

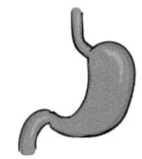

ກະເພາະ

estómago

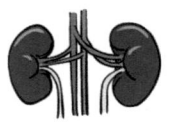

ໄຕ

riñones

ເພດສຳພັນ

sexo

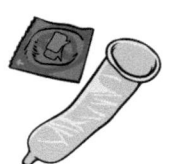

ຖິງຢາງອະນາໄມ

preservativo

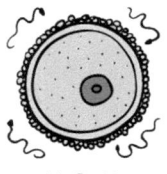

ເຊ້ລສືບພັນ

óvulo

ນ້ຳອະສຸຈິ

semen

ການຖືພາ

embarazo

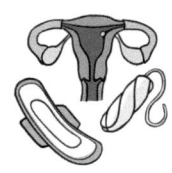

ປະຈຳເດືອນ
....
menstruación

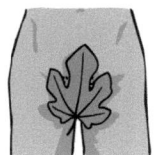

ຊ່ອງຄອດ
....
vagina

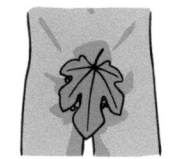

ອະໄວຍະອະເພດຊາຍ
....
pene

ຄິ້ວ
....
ceja

ເສັ້ນຜົມ
....
pelo

ຄໍ
....
cuello

ໂຮງໝໍ

hospital

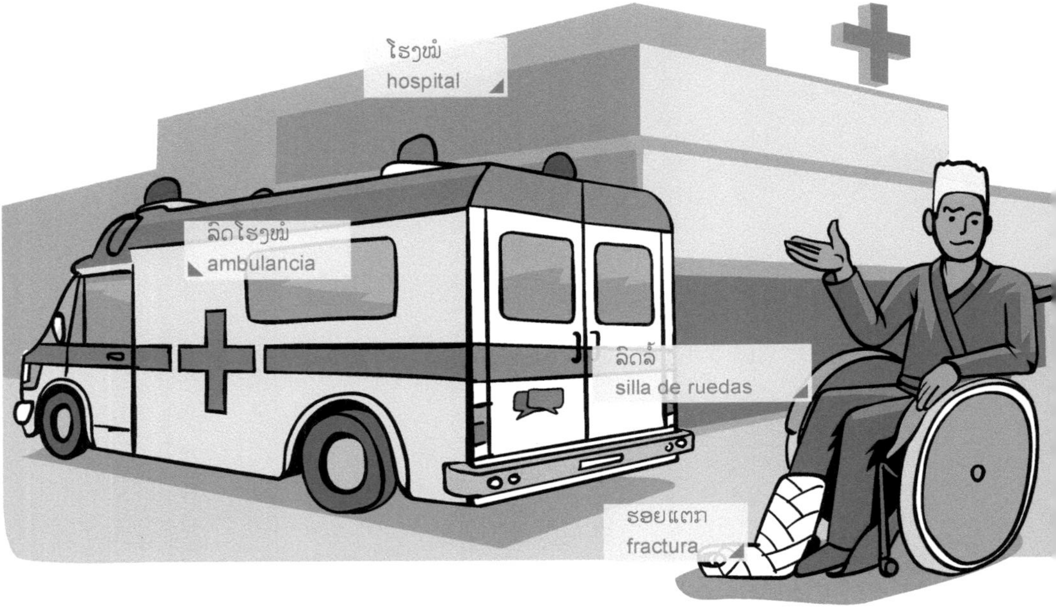

ໂຮງໝໍ
hospital
ລົດໂຮງໝໍ
ambulancia
ລົດລໍ້
silla de ruedas
ຮອຍແຕກ
fractura

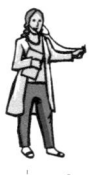

ທ່ານໝໍ

médico

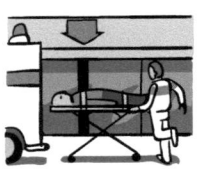

ຫ້ອງສຸກເສີນ

sala de guardia

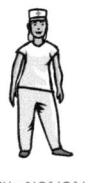

ພະຍາບານ

enfermera

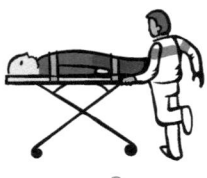

ສຸກເສີນ

emergencia

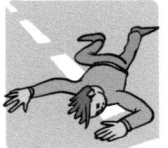

ໝົດສະຕິ

inconsciente

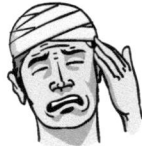

ອາການເຈັບປວດ

dolor

ການບາດເຈັບ
lesión

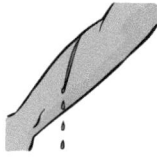

ເລືອດໄຫຼ
hemorragia

ຫົວໃຈວາຍ
infarto

ໂຣກຫຼອດເລືອດໃນສະໝອງ
ACV

ອາການແພ້
alergia

ໄອ
tos

ໄຂ້
fiebre

ໄຂ້ຫວັດ
gripe

ຖອກທ້ອງ
diarrea

ເຈັບຫົວ
dolor de cabeza

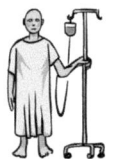

ໂຣກມະເລງ
cáncer

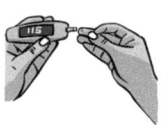

ພະຍາດເບົາຫວານ
diabetes

ໝໍຜ່າຕັດ
cirujano

ມິດຜ່າຕັດ
bisturí

ການຜ່າຕັດ
operación

ເຄື່ອງເອັກຊເຣເຣຄອມພິວເຕີ

TC

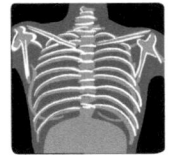

ເອັກຊ໌-ເຣ

rayos x

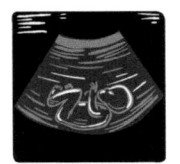

ອູລຕຣາຊາວ (ultrasound)

ecografía

ໜ້າກາກອະນາໄມ

barbijo

ພະຍາດ

enfermedad

ຫ້ອງລໍຖ້າ

sala de espera

ໄມ້ຄ້ຳຂ້ຶແຮ້

muleta

ຜ້າຍາງຕິດບາດ

curita

ຜ້າພັນແຜ

venda

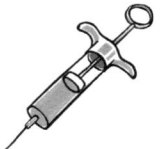

ສັກຢາ

inyección

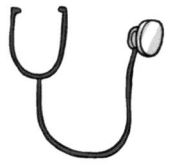

ເຄື່ອງຟັງປອດຫົວໃຈ

estetoscopio

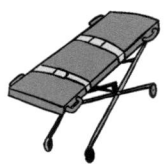

ເປຫາມຄົນເຈັບ

camilla

ບາງຫອດວັດໄຂ້

termómetro

ການເກີດ

nacimiento

ນ້ຳໜັກເກີນ

sobrepeso

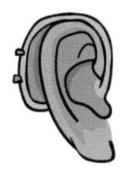

ເຄື່ອງຊ່ວຍຟັງ

audífono

ນ້ຳຢາຂ້າເຊື້ອ

desinfectante

ການຕິດເຊື້ອ

infección

ເຊື້ອໄວຣັສ

virus

HIV / ເອດສ໌

VIH / SIDA

ຢາ

remedio

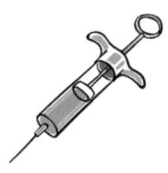

ການສັກວັກຊິນ

vacunación

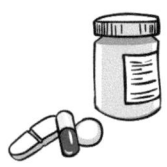

ຢາເມັດ

comprimidos

ຢາເມັດ

pastilla anticonceptiva

ໂທອອກສຸກເສີນ

llamada de emergencia

ເຄື່ອງວັດຄວາມດັນເລືອດ

tensiómetro

ໄຂ້ / ສຸຂະພາບດີ

enfermo / sano

ຊ່ວຍດ້ວຍ!

¡Ayuda!

ສັນຍານເຕືອນໄພ

alarma

ການທຳຮ້າຍຮ່າງກາຍ

agresión

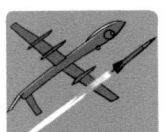

ການໂຈມຕີ

ataque

ອັນຕະລາຍ

peligro

ທາງອອກສຸກເສີນ

salida de emergencia

ໄຟໄໝ້!

¡Fuego!

ບັ້ງດັບເພີງ

matafuego

ອຸປະຕິເຫດ

accidente

ຊຸດປະຖົມພະຍາບານຂັ້ນຕົ້ນ

botiquín de primeros
auxilios

ສັນຍານຂໍຄວາມຊ່ວຍເຫຼືອ

SOS

ຕຳຫຼວດ

policía

ເອຣິບ

Europa

ອາເມລິກາເໜືອ

América del Norte

ອາເມລິກາໃຕ້

América del Sur

ອາຟຣິກາ

África

ເອເຊຍ

Asia

ອອສເຕຣເລຍ

Australia

ແອດແລນຕິກ

Atlántico

ປາຊິຟິກ

Pacífico

ມະຫາສະໝຸດອິນເດຍ

Océano Índico

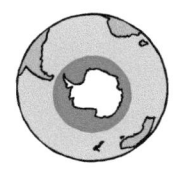

ມະຫາສະໝຸດແອນຕາຣຕິກ

Océano Antártico

ມະຫາສະໝຸດອາກຕິກ

Océano Ártico

ຂົ້ວໂລກເໜືອ

polo norte

ຂົ້ວໂລກໃຕ້

polo sur

ແອນຕາຕິກາ

Antártida

ໂລກ

Tierra

ດິນ

tierra

ທະເລ

mar

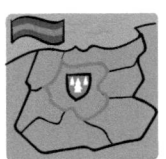

ເກາະ

isla

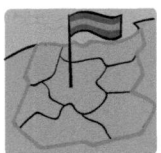

ຊາດ / ປະເທດຊາດ

nación

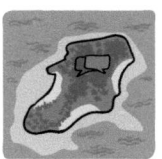

ລັດ

estado

ໜ້າປັດໂມງ
esfera

ເຂັມໂມງ
manecilla de las horas

ເຂັມນາທີ
minutero

ເຂັມວິນາທີ
segundero

ຈັກໂມງແລ້ວ?
¿Qué hora es?

ວັນ
día

ເວລາ
hora

ຕອນນີ້
ahora

ໂມງດິຈິຕອລ
reloj digital

ນາທີ
minuto

ຊົ່ວໂມງ
hora

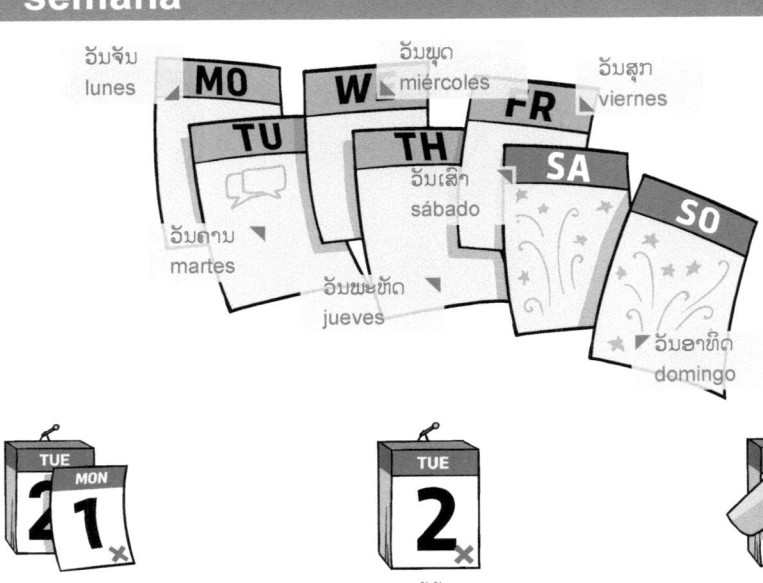

ອັນຈັນ — lunes
ອັນຄານ — martes
ອັນພຸດ — miércoles
ອັນພະຫັດ — jueves
ອັນສຸກ — viernes
ອັນເສົາ — sábado
ອັນອາທິດ — domingo

ມື້ວານນີ້
ayer

ມື້ນີ້
hoy

ມື້ອື່ນ
mañana

ຕອນເຊົ້າ
mañana

ຕອນທ່ຽງ
mediodía

ຕອນແລງ
tarde

ອັນເຮັດວຽກ
días hábiles

ທ້າຍສັບປະດາ
fin de semana

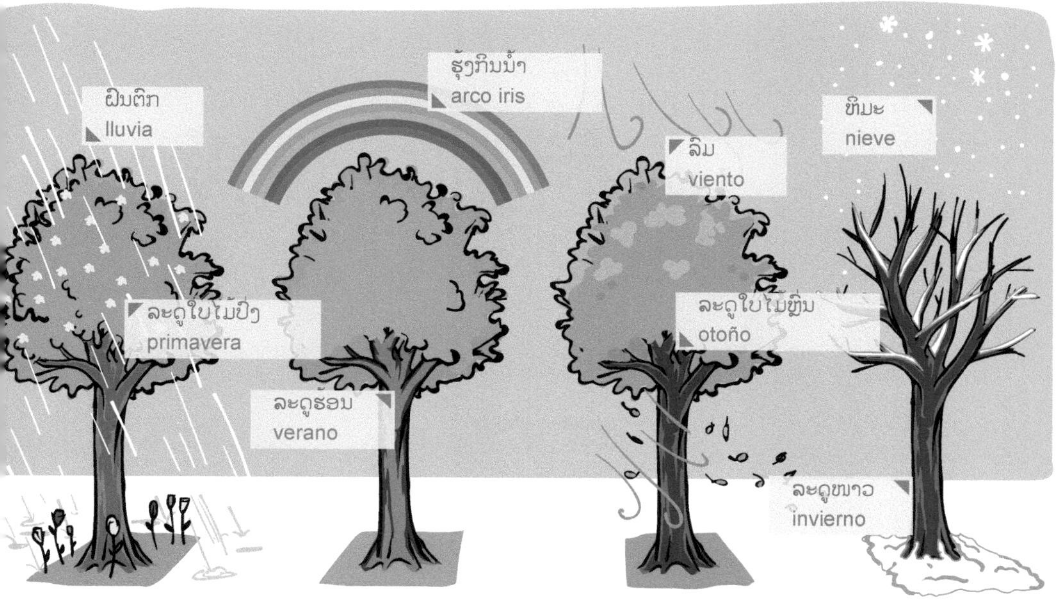

ຝົນຕົກ
lluvia
ຮຸ້ງກິນນໍ້າ
arco iris
ລົມ
viento
ຫິມະ
nieve
ລະດູໃບໄມ້ປົ່ງ
primavera
ລະດູຮ້ອນ
verano
ລະດູໃບໄມ້ຫຼົ່ນ
otoño
ລະດູໜາວ
invierno

4.APRIL 11°
5.APRIL 4°
6.APRIL 13°
7.APRIL 8°
8.APRIL 10°

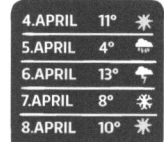

ການພະຍາກອນອາກາດ

pronóstico meteorológico

F
C
120
90
60
30
0
-30
40
30
20
10
0
-10
-20

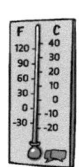

ເຄື່ອງວັດອຸນຫະພູມ

termómetro

ແສງແດດ

luz del sol

ຂີ້ເຝື້ອ

nube

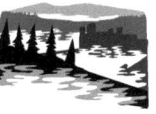

ໝອກ

niebla

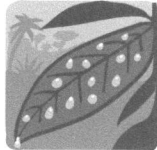

ຄວາມຊຸ່ມ

humedad

ສາຍຟ້າແມບ

rayo

ຟ້າຮ້ອງ

trueno

ພະຍຸ

tormenta

ໝາກເຫັບ

granizo

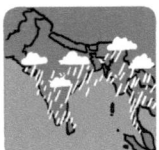

ລົມມໍລະສຸມ

monzón

ນ້ຳຖ້ວມ

inundación

ນ້ຳກ້ອນ

hielo

ມັງກອນ

enero

ກຸມພາ

febrero

ມີນາ

marzo

ເມສາ

abril

ພຶດສະພາ

mayo

ມິຖຸນາ

junio

ກໍລະກົດ

julio

ສິງຫາ

agosto

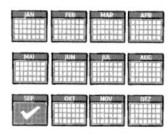

ກັນຍາ

septiembre

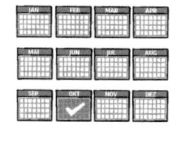

ຕຸລາ

octubre

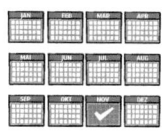

ພະຈິກ

noviembre

ທັນວາ

diciembre

ຮູບຮ່າງ
formas

ວົງມົນ

círculo

ສີ່ຫຼ່ຽມ

cuadrado

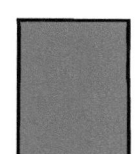

ຮູບສີ່ຫຼ່ຽມມຸມສາກ

rectángulo

ສາມຫຼ່ຽມ

triángulo

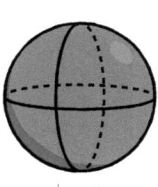

ໜ່ວຍກົມ

esfera

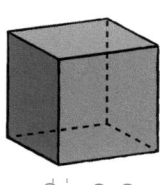

ຮູບສີ່ຫຼ່ຽມມິຕິກົມ

cubo

colores

ສີຂາວ
....
blanco

ສີເຫຼືອງ
....
amarillo

ສີສົ້ມ
....
naranja

ສີບົວ
....
rosa

ສີແດງ
....
rojo

ສີມ່ວງ
....
violeta

ສີຟ້າ
....
azul

ສີຂຽວ
....
verde

ສີນ້ຳຕານ
....
marrón

ສີເທົາ
....
gris

ສີດຳ
....
negro

ຫຼາຍ / ນ້ອຍ

mucho / poco

ໃຈຮ້າຍ / ໃຈເຢັນ

enojado / tranquilo

ງາມ / ຂີ້ຮ້າຍ

lindo / feo

ການເລີ່ມຕົ້ນ / ການສິ້ນສຸດ

principio / fin

ໃຫຍ່ / ນ້ອຍ

grande / chico

ແຈ້ງ / ມືດ

claro / oscuro

ນ້ອງຊາຍຫຼືອ້າຍ /
ນ້ອງສາວຫຼືເອື້ອຍ

hermano / hermana

ສະອາດ / ເປື້ອນ

limpio / sucio

ສຳເລັດ / ບໍ່ສຳເລັດ

completo / incompleto

ກາງວັນ / ກາງຄືນ

día / noche

ຕາຍ / ມີຊີວິດ

muerto / vivo

ກວ້າງ / ແຄບ

ancho / angosto

ກິນໄດ້ / ກິນບໍ່ໄດ້

comestible / no comestible

ຂີ້ຮ້າຍ / ໃຈດີ

malo / amable

ຫ້າຕື່ນເຕັ້ນ / ຫ້າເບື່ອ

entusiasmado / aburrido

ອ້ວນ / ຈ່ອຍ

gordo / flaco

ທຳອິດ / ສຸດທ້າຍ

primero / último

ເພື່ອນ / ສັດຕູ

amigo / enemigo

ເຕັມ / ວ່າງເປົ່າ

lleno / vacío

ແຂງ / ນຸ້ມ

duro / blando

ໜັກ / ເບົາ

pesado / liviano

ຄວາມຫິວ / ຄວາມຫິວນ້ຳ

hambre / sed

ໄຂ້ / ສຸຂະພາບດີ

enfermo / sano

ຜິດກົດໝາຍ / ຖືກກົດໝາຍ

ilegal / legal

ສະຫຼາດ / ໂງ່

inteligente / estúpido

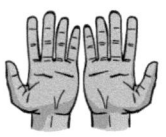

ຊ້າຍ / ຂວາ

izquierda / derecha

ໃກ້ / ໄກ

cerca / lejos

ໃໝ່ / ໃຊ້ແລ້ວ

nuevo / usado

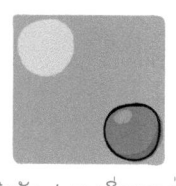

ບໍ່ມີຫຍັງ / ບາງສິ່ງບາງຢ່າງ

nada / algo

ແກ່ / ໜຸ່ມ

viejo / joven

ເປີດ / ປິດ

encendido / apagado

ເປີດ / ປິດ

abierto / cerrado

ງຽບ / ດັງ

silencioso / ruidoso

ຮັ່ງມີ / ຍາກຈົນ

rico / pobre

ຖືກ / ຜິດ

correcto / incorrecto

ບໍ່ລຽບ / ລຽບ

áspero / suave

ໂສກເສົ້າ / ດີໃຈ

triste / contento

ສັ້ນ / ຍາວ

corto / largo

ຊ້າ / ໄວ

lento / rápido

ປຽກ / ແຫ້ງ

mojado / seco

ອົບອຸ່ນ / ໜາວເຢັນ

caliente / frío

ສົງຄາມ / ສັນຕິພາບ

guerra / paz

0

ສູນ

cero

1

ໜຶ່ງ

uno

2

ສອງ

dos

3

ສາມ

tres

4

ສີ່

cuatro

5

ຫ້າ

cinco

6

ຫົກ

seis

7

ເຈັດ

siete

8

ແປດ

ocho

9

ເກົ້າ

nueve

10

ສິບ

diez

11

ສິບເອັດ

once

12

ສິບສອງ
doce

13

ສິບສາມ
trece

14

ສິບສີ່
catorce

15

ສິບຫ້າ
quince

16

ສິບຫົກ
dieciséis

17

ສິບເຈັດ
diecisiete

18

ສິບແປດ
dieciocho

19

ສິບເກົ້າ
diecinueve

20

ຊາວ
veinte

100

ໜຶ່ງຮ້ອຍ
cien

1.000

ໜຶ່ງພັນ
mil

1.000.000

ໜຶ່ງລ້ານ
millón

ພາສາອັງກິດ

inglés

ພາສາອັງກິດແບບອາເມລິກັນ

inglés americano

ພາສາຈີນແມນດາຣິນ

chino mandarín

ພາສາຮິນດິ

hindi

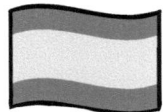

ພາສາສະເປນ

español

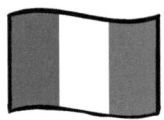

ພາສາຝຣັ່ງເສດ

francés

ພາສາອາຣັບ

árabe

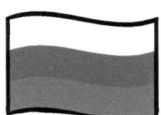

ພາສາຣັດເຊຍ

ruso

ພາສາປ໊ອກຕຸຍການ

portugués

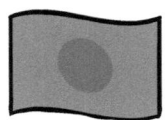

ພາສາແບງກາອລ

bengalí

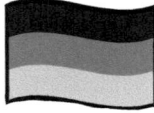

ພາສາເຍຍລະມັນ

alemán

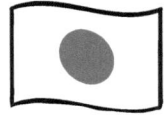

ພາສາຍີ່ປຸ່ນ

japonés

ຂ້ອຍ

yo

ເຈົ້າ

vos

ລາວ (ຜູ້ຊາຍ) / ລາວ (ຜູ້ຍິງ) /
ມັນ

él / ella

ພວກເຮົາ

nosotros

ພວກເຈົ້າ

ustedes

ພວກເຮົາ

ellos

ໃຜ?

¿quién?

ແມ່ນຫຍັງ?

¿qué?

ແນວໃດ?

¿cómo?

ຢູ່ໃສ?

¿dónde?

ເມື່ອໃດ?

¿cuándo?

ຊື່

nombre

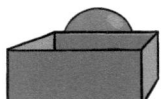

ຢູ່ທາງຫົວ

detrás

ໃນ

en

ຢູ່ທາງໜ້າ

adelante de

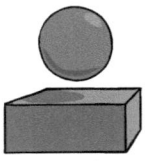

ເໜືອກວ່າ

por encima de

ຢູ່ເທິງ

sobre

ຢູ່ກ້ອງ

debajo de

ທາງຂ້າງ

al lado de

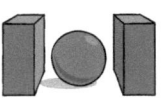

ຢູ່ລະຫວ່າງ

entre

ສະຖານທີ່

lugar